KB054651

인천안목
人天眼目

인천안목 人天眼目

초판 1쇄 2024년 3월 20일

지은이 진제 대선사
펴낸이 허연
편집장 유승현　　**편집3팀장** 김민보

책임편집 김민보
마케팅 김성현 한동우 구민지
경영지원 김민화 오나리
디자인 엔드디자인

펴낸곳 매경출판㈜
등록 2003년 4월 24일(No. 2-3759)
주소 (04557) 서울시 중구 충무로 2(필동1가) 매일경제 별관 2층 매경출판㈜
홈페이지 www.mkpublish.com　　**스마트스토어** smartstore.naver.com/mkpublish
페이스북 @maekyungpublishing　　**인스타그램** @mkpublishing
전화 02)2000-2632(기획편집) 02)2000-2646(마케팅) 02)2000-2606(구입 문의)
팩스 02)2000-2609　**이메일** publish@mkpublish.co.kr
인쇄·제본 ㈜M-print 031)8071-0961
ISBN 979-11-6484-663-4(03320)

人天眼目

인천안목

하늘세계와 인간세계의 진리의 눈

| 대한불교조계종 제13·14대 종정
진제 대선사의 안거 법어집 |

매일경제신문사

대한불교조계종 제13·14대 종정 진제 법원 예하 진영

| 부산 해운정사 전경 |

| 남해 성담사 전경 |

| 대한불교조계종 종정 추대 대법회 |

| 대한불교조계종 종정 추대 대법회 |

| 미국 60주년 국가조찬기도회 법문, 2012 |

| 미국 뉴욕 리버사이드교회 대법회, 2011 |

| 광복 70주년 한반도 통일과 세계 평화를 위한 세계 간화선 무차대법회, 2015 |

| 팔공총림 동화사 초대방장 승좌 대법회, 2013 |

| 동화사 금당선원 앞에서 |

| 선림선원에서 정진대중을 경책하시는 모습, 2014 |

付
香谷蕙林丈室
西來無文印
無傳名重憂
若難無傳受
鳥兎不同行
佛曆二九七七年 月 日
慧月門人
雲峰 說

| 운봉 선사께서 향곡 선사에게 법을 전한 전법게 |

付
真際法遠丈室
佛祖大活句
無傳亦無受
今付活句時
收放任自在
古尊應化二九九三年八月十日
雲峰門人
香谷 說

| 향곡 선사께서 진제 선사에게 법을 전한 전법게 |

太古普愚　青峰巨岸
幻庵混修　栗峰青杲
龜谷覺雲　錦雲法沾
碧溪淨心　龍岩慧彦
碧松智嚴　永旵奉律
芙蓉靈觀　萬化普善
清虛休靜　鏡虛惺牛
鞭羊彦機　慧月慧明
楓潭義諶　雲峰性粹
月潭雪霽　香谷蕙林
喚惺志安　眞際法遠
虎岩體靜

| 등등상속 |

청산이 시(是)아? 명월이 시(是)아?

청산과 명월이 해운정사 도량 중에 강림(降臨)하고

초목총림이 환희심으로 충만하니

사해환희하고 만물이 소생(蘇生)이라.

중국 당나라 시대에 마조 선사가 출현하니 무수 도인 제자가 배출됨이라. 당시에 마조 선사와 석두 선사와 그리고 혜충 국사 세 분이 출세(出世)하니, 발심 수행자들이 세 분 선사의 고준한 안목에 매료되어 대중이 사방에서 운집함이로다.

일일(一日)에 남전 선사, 마곡 선사, 귀종 선사 세 분이 남양 혜충 국사를 친견하러 가는 도중에 여러 날을 걷다 보니 전신(全身)이 피로함이라. 산중에서 맑은 물이 내려가고 경치도 좋고 해서 쉬어가게 되었다. 쉬는 도중에 남전 선사가 길 가운데에 일원상(一圓相)을 그려놓고 이르기를, "그대들이 원상(圓相)에 대하여 한 마디씩 일러보게. 바른 답을 하면 남양 혜충 국사를 친견하러 갈 것이고, 바른 답을 못하면 친견하러 갈 수 없으니 되돌아가야 하네." 하였다.

이에 마곡 선사는 원상(圓相) 안에 앉고, 귀종 선사는 원상을 향해 여자절을 나부시 하였다. 그러자 남전 선사께서 "그대들이 그렇게 답을 하면 혜충 국사를 친견하러 갈 수 없네." 하니 귀종 선사가 대뜸 "이 무슨 심보를 행하는고!" 하셨다. 이렇게 멋진 거량을 하심이라.

모든 대중들은 선(禪)의 묘미(妙味)를 알고저 할진대, 남전 선사와 마곡 선사와 귀종 선사의 기봉(機鋒)을 알아야사 선의 묘미를 수용하리라.

산승의 스승이신 향곡 선사께서 열반 5일 전까지 〈임제탁발화(臨濟托鉢話)〉 법문을 가지고 제방 선지식을 방문하여 물었다.

중국 당나라 시대에 선문(禪門)의 대종장이신 임제 선사께서 일일(一日)에 목탁을 치며 마을의 이집 저집을 탁발하던 중 어느 집의 대문을 두드리니 노보살이 나와서,
"어떻게 왔습니까?"
"탁발하러 왔습니다." 하니,

노보살이 대뜸 "염치없는 스님이로구나." 하였다.

　이에 임제 선사께서 "한 푼 시주도 하지 않고 어째서 염치없는 스님이라 하는고?" 하니, 노보살이 대문을 왈칵 닫고 들어가 버렸다.

　이에 위대한 선지식인 임제 선사께서 한마디도 대꾸하지 않고 절로 돌아오셨다. 임제 선사께서 한마디도 하지 않고 절로 돌아온 것은 후래(後來)에 숙제를 남겨 놓으신 것이라. 이 뜻을 시회대중은 알겠는가?

　향곡 선사께서는 이 〈임제탁발화〉 법문을 가지고 제방 조실 스님들께 물으니 흔쾌히 답하는 이가 없음이라. 그런 후에 곧바로 해운정사로 오셨다. 그때 산승이 마침 도량(道場)을 포행(布行)하고 있었는데, 향곡 선사께서는 도량에 들어서자마자 산승에게 〈임제탁발화〉 법문을 물으셨다.

　"만약 그대가 임제 선사가 되었던들 무엇이라 한마디 하려는고?"

　산승이 즉시

　"삼십 년간 말을 타고 희롱해 왔더니, 금일 당나귀에게 크게 받힘을 입었습니다.[삼십년래농마기, 금일각피려자박(三十年來弄馬騎, 今日却被驢子撲)]"라고 답을 하자, 향곡 선사께서 산승의 손을 잡고 "과연 나의 제자로다." 하셨다. 제방의 선사들은 답을 못하고 있었는데, 제자가 바른 답을 하니 크게 기뻐하신 것이다.

지금으로부터 약 100여 년 전에 경기도 망월사에 수좌스님들이 모여 '30년 참선 결사를 하자.' 해서 용성 스님을 조실(祖室)로 모시고 정진에 몰두함이라.

반살림이 되니 조실스님이 법상(法床)에 올라 법문하시기를, "나의 참모습은 삼세제불도 보지 못하고 역대의 모든 도인들도 보지 못함이니, 여기에 모인 대중은 어느 곳에서 나를 보려는고?"

하시니, 이에 운봉 선사께서 일어서서 "유리독 속에 몸을 감추었습니다."라고 멋진 답을 하셨다.

이에 용성 조실스님께서는 말없이 법상에서 내려가셨다.

대중에게 물었으니, 답을 하면 진가(眞假)를 가려야 하거늘 그냥 내려가 버리셨다.

일일(一日)에 향곡 선사께서 이 대문(大文)을 들어서 산승에게 물으셨다.

"그대가 조실이었다면 무어라 점검하려는고?"

산승이 답하기를, "참사자가 멋진 사자후를 하셨습니다.[진사자선능사자후(眞獅子善能獅子吼)]"

하니, 향곡 선사께서 "아주 멋진 점검을 하였네." 하시며 좋아하셨다.

이처럼 법거량이란 것은 두미(頭尾)가 분명해야 됨이로다.

필경에 진리의 한마디는 어떻게 생각하는가?

  一把柳條收不得   〈일파유조수부득〉

  和風搭在玉欄干   〈화풍탑재옥난간〉

  한 주먹 버들가지 잡아 얻지 못해서

  봄바람에 옥난간에다 걸어 둠이로다.

불기 2568(2024)년 2월

대한불교조계종 제13·14대 종정 진제 법원

22

| 목차 |

·1부·

안거 법어

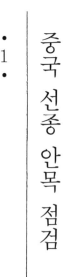

중국 선종 안목 점검

• 1 •

2012년 임진년 하안거 결제법어

〔상당(上堂)하시어 주장자(拄杖子)를 들어 대중에게 보이시고,〕

사람 사람의 면전(面前)에 참나가 있음이니, 모든 대중은 참나를 보느냐?

面門出入見還難　　　　〈면문출입견환난〉

無位眞人咫尺間　　　　〈무위진인지척간〉

去路一身輕似葉　　　　〈거로일신경사엽〉

高名千古重如山 　　　〈고명천고중여산〉

사람 사람의 면전에 참나가 출입하는데 또한 보기가 어려움이요,

차제 없는 참사람은 지척 간에 있음이로다.

길을 가는데 나뭇잎사귀와 같이 가벼움이나

그 이름은 높고 높아 무겁기가 천년 만년토록 산과 같음이로다.

밝은 정안(正眼)을 갖춘 이는 일용(日用)에 촌보도 참나를 여의지 아니하고 항시 수용함이나, 참나를 모르면 천리 만리 떨어져 있어 항시 면문(面門)에 출입해도 보기가 어려움이로다.

이 모양 없는 참나 가운데 우주의 모든 진리가 다 갖추어져 있음이로다. 그래서 참나를 깨달으면 법왕(法王)이 되어 만인에게 진리의 전(廛-가게)을 펴기도 하고 거두기도 하고, 주기도 하고 빼앗기도 하는 수완을 임의자재하게 쓰게 됨이로다.

• • •

금일은 하안거 결제일입니다. 과거·현재·미래에 지은 태산과 같은 업이 송두리째 녹아 없어져야 모든 고통이 없게 됩니다. 그러니 승속을 막론하고 모든 수행자들은 '금생에 이 법을 만난 김에 참나를 알고 이 몸뚱이를 바꿔야 되겠다.' 작심을 하고 오매불망 간절히 화두와 씨름해야 합니다.

화두가 없는 이는 '부모에게 나기 전에 어떤 것이 참나인가?'

이 화두를 들고 일상생활 하는 가운데 오매불망 간절히 챙기

고 의심해야 합니다.

　가나 오나, 앉으나 서나 '어떤 것이 참나인가?', '어떤 것이 참나인가?' 하고 천번 만번 의심을 밀고 밀어서 빈틈이 없게 되면 문득 참의심이 시동 걸려 흐르는 물과 같이 항시 끊어지지 않고 흘러가게 됩니다. 그러면 밤이 지나가는지 낮이 지나가는지도 모르게 되고, 보는 것도 듣는 것도 다 잊어버리게 됩니다. 이렇게 무르익어 흘러가다 홀연히 사물을 보는 찰나에, 소리를 듣는 찰나에 화두가 박살이 나면 억만 년 전 자기의 참모습이 드러나게 됩니다. 그러면 모든 부처님, 모든 도인과 더불어 진리의 낙을 같이 누리고 대장부의 활개를 치게 됩니다.

　이것이 견성(見性)하는 과정이고, 이 일을 밝히는 일이 가장 고귀하고 참으로 값어치 있는 일입니다.
　이렇게 참선삼매에 들면 모든 마음의 갈등이 다 없어져 항시 편안한 나날이 흘러가므로 여생(餘生)이 즐겁습니다. 미워하는 마음, 고와하는 마음, 시기, 질투, 시비갈등 등 중생의 팔만사천 번뇌가 다 없어지고 편안한 삶을 누리게 되니, 참선이라는 것이 얼마나 좋은지 모릅니다. 또한, 인연이 다 되면 이 집에서 저 집으로 이사가듯 몸을 바꾸니 참으로 쾌활자재합니다.

　모든 사부대중 여러분!

오늘 있다가 내일 가는 것이 인생입니다. 중생은 과거·현재에 지은 죄업이 태산과 같기 때문에, 오늘 미루고 내일 미루고 게으름을 부리면 염라대왕에게 잡혀가서 곤욕을 치러야 됩니다.

그러니 이 고준한 법문을 새겨들어 한화잡담과 시비장단에 시간을 낭비하지 말고, 가나 오나, 앉으나 서나 '부모에게 나기 전에 어떤 것이 참나인가?', '어떤 것이 참나인가?' 하고 오매불망 간절히 의심하고 또 의심해 나가시길 간절히 바랍니다.

산승이 2001년 음력 2월에 2002년도 국제무차선대법회 개최를 앞두고 명실공히 중국선(中國禪)의 안목(眼目)을 대표하는 대선지식 한 분을 초빙하여 모든 세계인들에게 선(禪)의 법공양을 베풀기 위해서 중국 9개의 선종본산을 참방(參訪)하게 되었습니다.

오늘날 우리나라에 면면히 이어 내려오고 있는 부처님의 심인법(心印法)은 천오백여 년 전에 인도에서 중국 대륙으로 건너와 선종(禪宗)으로 그 꽃을 피웠습니다. 하지만 중국은 60년 공산 치하 동안 스님들이 산중에서 수도를 할 수 없는 여건이 되어 형식적으로 절만 지킬 뿐 수행이 제대로 여법히 내려오지 못하게 되었습니다.

그래도 그 너른 대륙에 한개 반개의 눈 밝은 도인이 있는가 싶어서 스물대여섯 분의 스님들과 같이 선종본산 아홉 군데를 참방하여 조실·방장스님들에게 진리의 고준한 한마디를 던졌습니다. 중국을 대표해야 되기 때문에 아무나 청할 수는 없는 일이었습니다.

　제일 먼저, 달마 대사께서 인도에서 중국으로 건너와 처음 주석하셨던 광덕사(廣德寺)를 방문하니, 달마 대사께서 공양하고 씻으셨다는 수각으로 안내만 할 뿐이었습니다. 그래서 하는 수 없이 그 유래만 들은 뒤 이조사(二祖寺)를 찾아갔습니다. 이조사를 방문하니 주인은 없고 절만 있기에 참배만 하고 바로 나와서 삼조사(三祖寺-산곡사)로 갔습니다. 중국 땅이 워낙 너르다보니 약속 시간을 맞추지 못하고 밤 10시에 도착하였습니다. 늦은 밤인데도 방장스님을 비롯한 모든 대중이 다 나와서 산문 앞에 두 줄로 서서 일행을 기다리고 있었습니다. 안으로 들어가 참배하고 차 대접을 받는 자리에서 방장스님께 한 가지를 물었습니다.
　"옛날 삼조(三祖) 승찬(僧璨) 선사께서

至道無難	〈지도무난〉
唯嫌揀擇	〈유혐간택〉
但莫憎愛	〈단막증애〉
通然明白	〈통연명백〉

지극한 도는 어렵지 않음이나

오직 간택을 꺼림이로다.

다만 증애가 없으면

텅 비어 명백하리라.

라고 법문을 하셨는데, 방장스님께서는 간택(揀擇)이 없을 때에는 어떻게 보십니까?" 하니, 그 방장스님이

"이 신심명(信心銘)을 잘 번역하여 포교에 주력하겠습니다." 하고 답하였습니다.

다음 날 삼조사를 나와 사조사(四祖寺 - 정각선원)에 가서 방장스님을 찾아뵙고 묻기를,

"달마 대사께서 소림굴에서 9년 면벽(面壁)하신 것을 어떻게 보십니까?" 하니, 방장스님이 답을 못하였습니다.

다시 발걸음을 돌려 오조사(五祖寺 - 서풍선원)를 방문하여 참배를 마치고 공양을 하는 자리에서 방장스님에게 물었습니다.

"옛날 오조(五祖) 홍인(弘忍) 선사께서는 때로는 점수법(漸修法)을 설하시고 때로는 돈오무생법(頓悟無生法)을 설하셨는데, 지금은 어떠한 법문을 설하십니까?"

이곳 방장스님 역시 물음에 답을 못하였습니다. 그래서 다시 그 걸음으로 육조(六祖) 혜능(慧能) 선사께서 주석하셨던 보림사(寶林寺)를 방문하여 방장스님에게 묻기를,

"육조 선사께서 '본래무일물(本來無一物)'이라는 법문을 자주 하셨는데, '본래 한 물건도 없다'는 것을 어떻게 보십니까?" 하니, 이곳 방장스님 역시 명쾌한 답이 없었습니다.

그런 후로 운문(雲門) 선사께서 주석하셨던 운문사(雲門寺)를 방문하여 방장스님에게 물었습니다.

"옛날 운문 도인이 취암(翠巖) 선사 회상(會上)에 있을 적에, 취암 선사께서 해제시에 상당하시어, '석 달 동안 모든 대중을 위해서 가지가지의 법을 설했는데, 시회대중은 노승의 눈썹을 보았느냐?' 하고 대중에게 물으시니, 운문 선사가 여기에 '관(關)'이라 답을 했는데, 이 '관(關)'자의 뜻이 어디에 있습니까?"

"불조(佛祖) 밀전(密傳)의 경지를 우리가 어찌 논할 수 있겠습니까?"

방장스님이 이렇게 나오니, 그 걸음으로 나와서 임제원(臨濟院)을 방문하였습니다. 임제 도인의 회상에 가보니 시변(市邊)에 있었는데, 마침 대중이 저녁예불을 마치고 나오길래 선 채로 조실스님과 인사를 나누고는 산승이 말하기를,

"옛날 당당했던 임제 선사의 가풍은 사방을 둘러봐도 볼 수가 없고, 도량에는 고탑(古塔)만 우뚝하구나." 하고 물음을 던지니, 한마디 척 나와야 되는데 아무런 대꾸가 없이 깜깜하였습니다.

그래서 공양 대접만 받고 또다시 수백 리 떨어진 조주원(趙州院)으로 향했습니다. 조주 선사의 회상도 역시 마을 가운데 있었는데, 하룻밤을 묵고 나니 다음날 응접실에서 방장스님이 일행을 맞았습니다. 차를 한 잔씩 돌리는데 마침 응접실 벽에 조주 선사의 '끽다거(喫茶去)'라는 법문 한 구절이 걸려 있었습니다. 이 구절은 그 옛날 위대한 조주 선사께서 쓰셨던 법문입니다.

하루는 조주 선사의 조실방에 어느 납자(衲子)가 들어오니, 선사께서 말씀하시길,

"여기에 이르렀는가?"

"이르지 못했습니다."

"차 한 잔 먹게." 하셨습니다.

또 한 수좌가 들어오니, 똑같이 물으시기를,

"여기에 이르렀는가?"

"이르렀습니다."

"차 한 잔 먹게." 하셨습니다.

옆에 있던 원주(院主)가 이 모습을 지켜보고는 조주 선사께 여쭈었습니다.

"조실스님! 어째서 '여기에 이르렀다' 해도 '차 한 잔 먹게' 하고, '이르지 못했다' 해도 '차 한 잔 먹게' 하십니까?" 하니, 조주 선사께서 "그대도 차 한 잔 먹게." 하셨습니다. 이렇게 조주 선사께서는 누구든지 찾아와 법을 물으면 '차 한 잔 먹게.' 하셨습

니다.

　산승이 그 글귀를 보고는 "조주 선사께서는 누가 와서 물으면 '차 한 잔 먹게.'라고 하셨는데, 조주 선사의 뜻이 어디에 있습니까?" 하고 물었습니다. 그러니 방장스님이 앞에 놓여있는 찻잔을 들어 산승에게 내밀기에, 산승이 "그것은 산승이 받아 먹지만, 화상(和尙)도 또한 나의 차 한 잔을 먹어야 옳습니다." 하였습니다. 이 말의 낙처(落處)를 척 알아야 하는데 역시 더는 답이 없었습니다.

　이렇게 아홉 군데를 다 방문하였지만, 모두 벙어리 조실·방장일 뿐 내실(內實)이 없었습니다. 그래서 그나마 찻잔을 내미는 조주원 방장 정혜(淨慧) 선사를 중국의 대표로 2002년 10월 20일 국제무차선대법회에 초청하게 되었습니다.

　한국불교 역사상 자신의 안목을 점검받고 인가받기 위해 중국으로 건너간 일은 많았지만, 이처럼 중국의 안목을 점검하기 위해 건너간 것은 처음 있는 일이었습니다.

　그리고 일본으로는 서옹(西翁) 선사의 서한을 들고 가서 임제종의 대표로 종현(宗玄) 선사를 모시게 되었는데, 막상 국제무차선대법회를 개최하여 법문을 들어보니 중국이나 일본에 실다운 안목을 갖춘 이가 없고, 부처님의 심인법(心印法)이 오직 한 가닥 한국에 머물러 있음을 확인하게 되었습니다.

선종의 본산국(本山國)인 중국에는 공산화 60년 동안에 선법(禪法)이 없어짐으로 인해 더 이상 안목자(眼目者)가 없게 되었으니 참으로 안타까웠습니다.

그러므로 우리 모든 사부대중은, 한 가닥 밝은 부처님의 심인법(心印法)이 단절되지 않고 천추만대에 면면히 이어지도록 바르게 참선법을 익혀 정진에 정진을 더하기를 간절히 바랍니다.

그러면 필경에 일구(一句)는 어떻게 생각하십니까?

手握金輪淸四海   〈수악금륜청사해〉
聖躬彌億萬斯年   〈성궁미억만사년〉
손에 금륜을 잡아 사해를 맑히니
억만 년토록 성인들이 가득함이로다.

〔 주장자(拄杖子)로 법상(法床)을 한 번 치고 하좌(下座)하시다. 〕

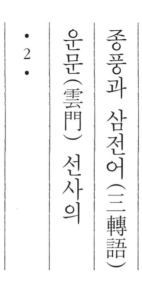

종풍과 삼전어(三轉語)

운문(雲門) 선사의

· 2 ·

2012년 임진년 하안거 해제법어

〔상당(上堂)하시어 주장자(拄杖子)를 들어 대중에게 보이시고, 〕

   古鏡本無塵   〈고경본무진〉

   唯人造點琢   〈유인조점탁〉

   옛 거울에는 본래 티끌이 없음이나

   다만 사람들이 더럽히고 닦고 함을 지음이로다.

인인개개(人人箇箇)가 가지고 있는 옛 거울에는 일점(一點)의

36

진애(塵埃)도 없음이나, 어리석은 사람들이 공연히 더럽히고 닦기를 그칠 날이 없음이로다.

만약 사람이 있어서 이 뜻을 바로 알 것 같으면, 참구(參究)하는 일을 다 해 마쳐서 억만 년이 다하도록 편안한 진리의 낙(樂)을 누리게 되리라. 부처님 최고 진리의 법문을 듣고 참선수행을 하는 것은, 인인개개가 지니고 있는 이 옛 거울을 바로 보기 위함이로다.

어느덧 여름 석 달 안거를 마치는 해제일(解制日)이로다. 석 달 동안 각자 간절하게 화두를 챙기고 의심하기를 한결같이 하였는지 반성해 보아야 함이로다. 대도의 진리를 깨닫고자 수행하는 이가 해제가 무섭게 바랑을 지고 동분서주하며 허송세월만 해서는 도저히 대도를 이룰 수 없으니, 화두를 타파하여 선지식께 인가받는 그 날이 해제라 다짐하고 바위처럼 흔들림 없이 정진에 정진을 더해야 함이로다.

이 공부는 일거수일투족(一擧手一投足)에 마음에서 우러나오는 간절한 의심으로써 화두를 챙기고 의심하기를 흐르는 물과 같이 끊어짐이 없도록 씨름해야 함이로다. 그렇게 일념(一念)이 되도록 노력하다 보면, 문득 참의심이 돈발하여 보는 것 듣는 것도 잊어버리고, 밤인지 낮인지도 모르고, 며칠이고 몇 달이고 흐르고 흐르다가 홀연히 사물을 보는 찰나에, 소리를 듣는 찰나에 화두가 박살이 나면 불조(佛祖)의 백천공안(百千公案)을 한 꼬챙이에 꿰어버리게 됨이니, 그러면 누가 어떤 물음을 던지더라도 석화전광으로 척척 바른 답을 내놓게 될 것이라. 그러면 제불제조(諸佛諸祖)와 조금도 다를 바 없는 살림살이를 수용하게 됨이요, 산승이 이 주장자를 전하여 80대 법손(法孫)으로 봉(封)하리니, 모든 참구하는 이들은 결제·해제에 일체 관여하지 말고 오로지 화두일념에 혼신의 정력을 다 쏟을지어다.

• • •

중국 당나라 시대에 운문(雲門) 스님이 젊을 때 부처님의 심오한 진리의 법을 깨닫고자 발심출가하여 오로지 참선수행에만 몰두하였습니다.

당시 목주(睦州) 선사의 명성이 자자하였는데, 발심공부인이라면 누구라도 한 번쯤은 친견하여 점검받고자 하였습니다.

그런데 목주 선사는 조그마한 단칸 토굴을 지어 외인(外人)이 전혀 들여다 볼 수 없게끔 한 길이 넘게 담장을 빙 둘러쌓고, 한쪽에 사립문만 하나 내어놓고 지내셨습니다. 그러다가 누구든지 친견하러 와서 사립문을 똑똑 두드리면 문을 반쯤 열고 나와 한 손으로 들어오려는 사람의 멱살을 잡고는, "이르고 일러라!" 하셨습니다.

만약 방문객이 답을 못 하고 우물쭈물하면, 선사께서는 육척 장신의 그 큰 체구로 잡았던 멱살을 그대로 밀쳐버리는데, 제아무리 장사라도 여지없이 저 밖으로 나동그라지고 말았으니, 제대로 친견한 이가 없었습니다.

운문 스님이 목주 선사의 법(法)이 장하다는 소문을 듣고서, '내가 그 선사님을 친견하여 탁마(琢磨)받아 기어코 부처님의 심오한 진리의 법을 깨치리라' 생각하고 목주 선사를 찾아갔습니다.

토굴 앞에 이르러 사립문을 똑똑 두드리자, 목주 선사께서 문을 반쯤 열고 나오시더니 대뜸 멱살을 잡고는, "이르고 일러라!" 하셨습니다.

운문 스님이 답을 못 하고 우물쭈물하자, 목주 선사께서는 잡았던 멱살을 확 밀쳐버렸습니다. 엉겁결에 답도 못 하고 저만치 나뒹구니 목주 선사께서는 여지없이 문을 닫고 들어가 버리셨습니다.

도(道)를 깨쳤다면, '이르고 일러라!' 할 때 답이 척 나오게 되어 있습니다. 그러나 깨닫지 못한 이는 무엇을 일러야 하는지 깜깜해서 도저히 알 수가 없는 법입니다.

운문 스님이 목주 선사를 친견하려고 몇 번을 찾아갔지만, 이르라는 데 답을 못 하고 계속 쫓겨날 뿐, 도무지 안에 들어가서 진법문(眞法門)을 들을 기회가 생기지 않았습니다. 그래서 하루는, '이번에는 내가 죽는 한이 있더라도 목주 도인 토굴 안에 들어가고야 말리라.' 하는 분심(憤心)이 일어, 다시 목주 선사를 찾아갔습니다.

사립문을 두드리니 목주 선사께서 나오셔서 또 멱살을 잡으시고는,

"이르고 일러라!" 하셨습니다.

여기에서 한 마디 척 해버리면 목주 선사께서도 문을 활짝 열고 흔연히 맞아들일 것인데, 운문 스님은 이번에도 또 우물쭈물하였습니다. 그러나 이번만큼은 어떻게 해서든지 토굴 안에 들어가리라는 사생결단의 각오를 했기 때문에, 목주 선사께서 잡았던 멱살을 밀어내시는데, 밀어내는 그 팔을 잡고 전신의 힘을 다해 늘어지면서 한 발을 사립문 안에 들여 놓았습니다.

그렇게 서로 밀고 당기다가 목주 선사께서 있는 힘껏 사립문을 닫는 순간, 사립문 안에 들여 놓았던 운문 스님의 다리가 여지없이 부러져 버렸습니다.

운문 스님이 "아야!"라고 소리를 지르는데, 자신이 지른 그 소리에 화두가 박살이 나서 진리의 눈이 활짝 열렸습니다.

운문 선사와 같이 이러한 대용맹심, 생사를 떼어놓고 법을 구하는 이러한 자세를 갖춘 사람만이 깨달음을 얻을 수 있는 것입니다.

운문 선사께서 이렇게 깨달음을 얻으신 이후로는, 불편해진 몸으로 일생토록 시자를 데리고 다니면서 그 넓은 중국 대륙에 크게 종풍(宗風)을 드날리셨는데, 하루는 천오백 대중을 지도하고 계시던 설봉(雪峰) 선사의 회상을 찾아갔습니다.

　　일주문 앞에 당도해서 시자에게 이르시기를,

　　"네가 조실방 앞에 가서 '스님, 어찌해서 항상 목에 철가(鐵枷-죄인의 형틀)를 쓰고 계십니까?' 하고 여쭈어라. 그리고 설봉 선사께서 그 말을 들으시고서 무슨 말씀을 하시더라도, 이것은 네 말이라고 하여라."라고 하셨습니다.

　　시키는 대로 시자가 설봉 선사 방문 앞에 이르러,

　　"조실스님, 어찌해서 항상 목에 철가(鐵枷)를 쓰고 계십니까?" 하자, 설봉 선사께서 벼락같이 문을 열고 나오셔서 시자의 멱살을 잡고 다그치셨습니다.

　　"일러라, 일러라!" 시자가 대꾸를 못 하고 우물쭈물하니, 설봉 선사께서

　　"그것은 네 말이 아니다." 하시고는 잡았던 멱살을 밀쳐버리셨습니다. 그러자 시자가

　　"아닙니다. 그것은 제 말입니다."

　　"아 이놈아, 그것은 네 말이 아니다."

　　시자가 끝까지 자기 소리라고 우기니, 설봉 선사께서 유나(維那)스님을 불러 운집종(雲集鐘)을 치게 하셨습니다. 천오백 대중이 큰방에 다 모이니 선사께서 이르셨습니다.

"이 놈이 바른 말을 할 때까지 천장에 거꾸로 매달아놓고 패라."

그리하여 대중들이 시자를 밧줄로 묶어 천장에 거꾸로 매달아놓고는 패려고 하자, 시자가 그때서야

"제 말이 아닙니다." 하고 실토를 하였습니다.

"그러면 누구의 말이냐?"

"운문 선사께서 시키신 대로 말한 것입니다."

"그러면 그 운문 선사는 지금 어디에 있느냐?"

"일주문 밖에 계십니다."

그러자 설봉 선사께서 대중에게 말씀하시기를,

"오백 대중을 지도할 수 있는 안목(眼目)을 갖춘 훌륭한 선지식이 오셨으니, 대중은 일주문 앞에 가서 그 스님을 정중히 모셔라." 하고 이르셨습니다.

성인(聖人)이라야 능히 성인을 안다고, 도안(道眼)이 열리면 일거일동(一擧一動)에 상대방의 살림살이를 다 아는 법입니다.

"스님, 어찌해서 항상 목에 철가(鐵枷)를 쓰고 계십니까?" 하는 물음에 "오백 대중을 지도할 선지식이 왔다."고 하셨으니, 이 도를 깨달으면 이처럼 묻는 뜻이 어디에 있는지 척척 아는 안목을 갖추게 됩니다.

석일(昔日)에 영수 여민(靈樹如敏) 선사께서 수백 명 대중을 거

42

느리고 참선지도를 하셨는데, 20년 동안 수좌(首座) 자리를 비워놓고 계셨습니다.

"수좌스님은 언제 오십니까?" 하고 대중이 물으면,

"이제 태어났다. 태어나서 소를 잘 먹이고 있다." 하시며, 태어나서 지금 수도(修道)를 잘 하고 있다는 그러한 말씀만 20년간 계속 해 오셨습니다.

그러다 근 20년이 지나서 하루는,

"오늘은 수좌스님이 올 것이니, 모든 대중은 맞을 준비를 하라." 하고 이르셨습니다. 조실스님의 명(命)이 떨어지자, 대중이 일시에 온 도량을 청소하고는 가사 장삼을 수(垂)하고 산문(山門) 앞에 나가서 기다리고 있었습니다.

시간이 되자 스님 한 분이 산문을 들어오시는데, 운문 선사께서 제방(諸方)을 행각(行脚)하시다가 영수 선사 회상을 찾아오셨던 것입니다.

영수 선사께서, "수좌 자리에 모셔라!" 하니, 대중들이 운문 선사를 수좌 자리에 모셨습니다.

그러자 대중 가운데 한 스님이 칼을 가지고 와서 운문 선사의 정수리에 대고는,

"이 때를 당해 어떠합니까?" 하고 대번에 시험을 하였습니다.

이에 운문 선사께서 주저하지 않고,

"피가 하늘세계 범천궁(梵天宮)까지 넘쳤느니라."라고 말씀하셨습니다.

여기에서 그 스님이 칼을 거두고 큰절을 하였습니다.

도안(道眼)이 열리면 어떠한 물음을 던져도 이렇게 답이 척척 나오는 법입니다. 멱살을 잡고 이르라고 할 적에는 이르라고 하는 낙처(落處)를 먼저 압니다. 칼을 이마에다 대고 이르라고 해도 그 낙처를 먼저 알기 때문에 '피가 범천궁(梵天宮)까지 넘쳤다'고 답한 것입니다.

또한 20여 년간 수좌 자리를 비워놓고, 태어나는 것, 크고 있는 것, 행각하고 있는 것을 훤히 알아, 오늘 온다 하여 대중으로 하여금 수좌 자리에 모시게 하니, 이 깨달음이라 하는 것은 밝게 깨달으면 과거·현재·미래의 삼생(三生)까지도 꿰뚫어 보는 법입니다. 이 같은 안목의 일구법문(一句法門)은 세상에 있는 황금덩어리를 다 가져온다고 해도 바꿀 수 없는 가치가 있는 것입니다.

그 후 운문 선사의 법이 널리 펴져서 선사의 법제자가 20여 명에 이르니, 운문종파를 이루게 되고 운문 선사의 선법(禪法)이 중국 천하를 풍미하였습니다.
세월이 흘러 운문(雲門) 선사께서 세연(世緣)이 다해가니, 제자들을 모아 놓고, 세 가지 법문을 물으셨습니다.

첫째, 어떠한 것이 부처님 진리의 도(道)인가?

둘째, 어떠한 것이 제바종(提婆宗)인가?

셋째, 어떠한 것이 진리의 보검(寶劍)인가?

이 물음에 여러 제자들이 훌륭한 답을 했지만, 그 중에서 파릉(巴陵) 스님이 답하기를,

어떠한 것이 부처님 진리의 도(道)인가?

"눈 밝은 사람이 깊은 우물에 빠졌습니다."

어떠한 것이 제바종(提婆宗)인가?

"은쟁반 위에 흰 눈이 소복이 쌓였습니다."

당시 인도에 96종의 외도들이 서로 자기들의 종교가 최고라고 주장하여 혼란스러웠습니다. 이에 국왕이 모든 외도들을 모아 논쟁을 시킬 때, 부처님 심인법 제14조이신 용수보살의 법을 이은 가나제바 존자가 뛰어난 지혜와 방편으로 96종의 외도들을 모두 조복(調伏) 받았습니다.

그래서 왕이 오직 가나제바 존자의 법(法)만을 남겨두어 그 종지(宗旨)가 인도 전역에서 크게 떨쳤습니다. 이 가나제바 존자의 종지가 제바종입니다.

어떠한 것이 진리의 보검인가?

"산호(珊瑚)나무 가지가지에 밝은 달이 주렁주렁 매달렸습니다."라고 하였습니다.

이에 운문 선사께서 이 답처(答處)를 듣고 매우 기뻐하시며 제자들에게

"내가 열반에 든 후, 너희들은 기일(忌日)에 갖가지 음식을 차리지 말고 항상 이 세 마디 법문을 일러다오."라고 하셨습니다.

요즈음의 선지식들이 당기(當機)에 다다라 주저하게 되는 것은, 견처(見處)도 살림살이도 다 고인(古人)에 이르지 못했기 때문입니다.

이 무변대도(無邊大道)의 불법진리(佛法眞理)를 바로 알려면 고인들의 법문 하나하나를 다 바로 볼 수 있어야 합니다.

시회대중(時會大衆)이여!

이 운문삼전어(雲門三轉語) 법문을 안다면 한 산중(山中)의 방장(方丈)이 될 자격이 있음이라.

필경(畢竟)에 진리의 일구(一句)는 어떠한 것이냐?

一曲兩曲無人會   〈일곡량곡무인회〉

無限雲山碧層層   〈무한운산벽층층〉

진리의 곡조를 한곡 두곡 읊어야 아는 이 없고

한없는 구름산만 겹겹이 푸르도다.

〔주장자(拄杖子)로 법상(法床)을 한 번 치고 하좌(下座)하시다.〕

46

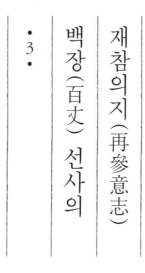

재참의지 (再參意志)

백장(百丈) 선사의

· 3 ·

2012년 임진년 동안거 해제법어

〔 상당(上堂)하시어 주장자(拄杖子)를 들어 대중에게 보이시고, 〕

王子生來便自尊	〈왕자생래변자존〉
只應日日在金門	〈지응일일재금문〉
從來不顧人間事	〈종래불고인간사〉
唯識爺爺實殿存	〈유식야야보전존〉

왕자가 남에 문득 스스로 높음이요,

다못 응당히 금문의 집에 있음이라.

옴으로 쫓아 인간의 일을 돌아보지 않고
오직 아비[父]끼리 보배궁전에 있음이로다.

중생의 근본 업(業)은 탐진치(貪嗔癡)라. 세 가지 근본 업을 제
거하지 못하면 편안한 날이 없으리라. 그러면 어떻게 해야사 탐
진치 삼업을 몰록 제거하고 대도(大道)를 이루어 부처님과 같은
대지혜(大智慧)와 무량대복(無量大福)을 누리겠는가.

금일(今日)은 동안거 해제일이라, 모든 수행자들은 이번 안거
동안에 과연 얼마만큼 진실되게 참구하였는지 돌이켜보아야
함이로다. 게으름과 망상으로 헛되이 시간을 흘려보내지 않았
는가, 바깥경계에 끄달려 망아지처럼 휘젓고 다니지 않았는가,
몸뚱이에 끄달리고, 먹는 데 먹지 않는 데 집착하지 않았는가
돌이켜보아야 함이로다.

사위의(四威儀) 가운데 화두일념(話頭一念)에 푸욱 빠져 모든
보고 듣는 것을 다 잊는 경계가 와야 하거늘, 그렇지 못한 데에
는 반드시 참학의지(參學意志)가 부족한 것이니, 부끄러운 줄 알
아 대용맹심을 발하여 화두를 타파할 때가 진정 해제임을 마음
에 굳게 새길지어다.
해제라 하여 마음이 이미 선방 밖에 가 있고, 법문하는 이 순
간에도 마음이 밖으로 치달린다면 수행자로서 참으로 부끄러

운 자세이니, 어느 세월에 탐진치 삼업을 다 녹이고 시은(施恩)을 다 갚으리오.

그러니 모든 대중들이여, 결제·해제에 관여하지 말고 오로지 일상생활 속에 오매불망 간절히 '부모에게 나기 전에 어떤 것이 참나인가?' 하고 날마다 천번 만번 의심하고 의심하여 일념삼매가 도래하도록 혼신의 정진을 다할지어다.

• • •

중국 당나라 시대에 마조 도일(馬祖道一) 스님이 출가하여 회양(懷讓) 선사 회상에서 지도를 받으며 참선하였습니다. 하루는 도일 스님이 좌선하고 있는데 회양 선사께서 물으셨습니다.

"무엇을 하고 있느냐?"

"좌선을 하고 있습니다."

"좌선하여 무엇하려는고?"

"부처가 되고자 합니다."

그러자 회양 선사께서 도일 스님이 좌선하고 있는 옆에 기왓장을 가지고 와서 갈고 계시니, 도일 스님이 여쭈었습니다.

"스님, 무엇을 하고 계십니까?"

"기왓장을 갈아 거울을 만들고자 하노라."

"스님, 기왓장이 어떻게 거울이 될 수 있습니까?"

이에 회양 선사께서 말씀하시기를,

"기왓장을 갈아서 거울을 만들지 못할진대, 좌선을 한들 어떻게 부처가 될 수 있겠는가?" 하시니, 도일 스님이 물었습니다.

"그러면 어찌해야 됩니까?"

"수레가 가지 않을 때에 소를 때려야 옳으냐, 수레를 때려야 옳으냐?"

이 한마디에 도일 스님이 크게 깨달았습니다.

서천국(西天國) 반야다라 존자(尊者)께서 예언하시기를,

"백칠십 년 후에 회양 존자 아래에 한 망아지가 출현하여 천하 사람들을 밟아 죽이리라." 하셨습니다.

세월이 흘러 마조 선사 아래에 84인의 선지식(善知識)이 출현하였는데, 하루는 마조 도인이 백장(百丈) 시자를 데리고 산골들을 지나가게 되었습니다. 도중에 농사짓는 큰 저수지에서 놀던 오리떼가 인기척이 있으니 푸울 날아갔습니다.

이에 마조 선사께서 말씀하셨습니다.

"저기 날아가는 것이 무엇인고?"

"들오리입니다."

"어디로 날아가는고?"

"저 산 너머로 날아갑니다."

시자가 이렇게 답하자마자 마조 선사께서 시자의 코를 잡아 비트니 시자가,

"아야!"라고 소리쳤습니다. 이에 마조 선사께서

"어찌 날아갔으리오." 하셨습니다.

볼 일을 다 보고 백장 시자가 마조 선사를 모시고 절에 돌아와

서는 자기가 거처하는 방문을 걸어 잠그고,

"마조 도인이 '저 오리가 어디로 날아가는고?' 하고 묻는데 '저 산 너머로 날아가고 있습니다.' 하니 어째서 코를 비틀었는고?"

이 화두를 들고 용맹정진에 들어갔습니다.

일념삼매(一念三昧)에 들어 깊이 참구하다가 칠 일만에 화두를 타파하여 마조 조실스님 방 앞에 가서 말하기를,

"조실스님, 어제까지는 코가 아프더니 이제는 아프지 않습니다." 하니 마조 선사께서 다른 시자를 불러 운집종을 치게 하였습니다.

대중이 법당에 다 모여 좌정하고 있는데 마조 선사께서 법상(法床)에 올라 좌정하고 계시는 차제에, 백장 시자가 들어와 예삼배를 올리고 나서는 절하는 배석자리를 걷어 둘둘 말아 어깨에 메고 법당을 나가버렸습니다.

이에 마조 선사께서도 법상에서 내려와 조실방으로 돌아가 버리셨습니다.

금일 임진년 동안거 해제일에 시회대중(時會大衆)이여,

백장 시자가 배석자리를 말아 어깨에 메고 나간 뜻은 어디에 있으며, 또한 마조 도인께서 즉시 법상에서 내려와 조실방으로 가신 뜻은 어디에 있습니까?

대중 가운데 답을 할 자 있습니까?

〔 대중(大衆)이 말이 없음에 스스로 이르시기를, 〕

산승이 두 분의 거량처(擧揚處)를 점검하여 대중에게 법의 공
양을 베풀겠습니다.

龍袖拂開全體現   〈용수불개전체현〉
須彌倒卓半空中   〈수미도탁반공중〉
임금이 용상에 올라 소매를 잡아 여는데 전체가 드러남이요,
수미산이 반 허공중에 거꾸로 꽂힘이로다.

백장 스님은 마조 선사와 법거량을 한 이후로 일가견(一家見)
을 이루어 다른 산중에 가서 지내다가, 수십 년이 지난 후 다시
마조 선사를 찾아왔습니다. 마침 마조 선사께서 법상에서 정진
하고 계셨는데, 백장 스님이 들어오자 법상각(法床角)에 걸어 둔
불자(拂子)를 들어 보이셨습니다.
이에 백장 스님이,
"이를 바로 쓰십니까, 이를 여의고 쓰십니까?" 하고 물으니,
마조 선사께서 불자를 다시 법상각에 걸어두셨습니다. 그러고
는 백장 스님에게 물으시기를,
"네가 장차 두 입술을 열어 어떻게 만 중생을 위해가려 하는
고?" 하시니, 이번에는 백장 스님이 법상각에 걸어둔 불자를 들
어 보였습니다. 이에 마조 선사께서 또 물으시기를,

"이를 바로 씀인가, 이를 여의고 씀인가?" 하시니, 백장 스님이 마조 선사와 같이 불자를 법상각에 걸어두는 찰나에, 마조 선사께서 벽력같이 할(喝)을 하였습니다.

"어억!"

이 마조 선사의 할 아래 백장 스님이 삼 일간 귀가 먹었습니다.

그러면 여기에 모인 대중은 마조·백장 부자간(父子間)의 문답처를 아시겠습니까?

여기에서 분명히 낙처(落處)를 알면 제불제조(諸佛諸祖)와 같이 동참할 것입니다. 아시겠습니까?

〔 대중(大衆)이 말이 없음에 이르시기를, 〕

이 주장자로 삼십봉(三十棒)을 맞아야 옳도다.

마조 선사가 맞아야 옳음인가, 백장 선사가 맞아야 옳음인가?

대중은 가려볼지어다.

〔 주장자(拄杖子)로 법상(法床)을 한 번 치고 하좌(下座)하시다. 〕

호환지기(互換之機)

마곡(麻谷) 선사의

남전(南泉) · 장경(章敬) ·

· 4 ·

2013년 계사년 동안거 결제법어

〔상당(上堂)하시어 주장자(拄杖子)를 들어 대중에게 보이시고,〕

金風括地山野瘦　　　　〈금풍괄지산야수〉

月落潭空水底靜　　　　〈월락담공수저정〉

玉轉機轉笑呵呵　　　　〈옥전기전소가가〉

直下相逢不相識　　　　〈직하상봉불상식〉

가을 바람이 땅을 쓸어버리니 산과 들이 야윔이요,

달이 못에 떨어지니 물 밑은 고요함이라.

54

옥을 굴리고 기틀을 굴리니 '하하!'라고 웃는지라.

직하에 서로 만나니 서로 알지 못함이로다.

금일은 계사년 동안거 결제일(結制日)이라. 구십 일간 정진과 독경과 계율의 삼학(三學)을 잘 연마하여 인천(人天)의 지도자가 되게끔 노력할지어다.

금생에 이 마음을 밝히지 못하면 어느 생에 견성법(見性法)을 만나리오. 과거생으로부터 부처님 전에 정법(正法)의 인연을 간절하게 세운 자만이 이 견성법을 만날 수 있는 것이니, 각자 화두를 성성하게 챙겨 일념이 지속되게끔 혼신의 노력을 다할지어다.

그래서 크게 죽었다가 크게 살아나는 경지를 얻어야사 대장부(大丈夫)의 활개를 치게 됨이니, 모든 수행자들이 화두를 들고 의심하고 의심하여 보고 듣고 느끼는 모든 분별심이 재[灰]가 되어서, 아무리 불을 갖다 대어도 탈 것이 없는 경지에 이르러야 됨이로다. 그러면 가도 가는 줄을 모르고 밥을 먹어도 먹는 줄을 모르는 경지에 도달하는데, 여기에서 형상을 보고 소리를 들을 때 홀연히 마음이 활짝 열리게 됨이로다.

공부인이 이러한 경지를 얻지 못할 것 같으면 부처님의 참진리와는 십만팔천 리 밖에서 헤매이게 됨이니, 석 달 안거 동안에 생사를 떼어놓고 부단히 참구할지어다.

。 。 。

　중국 당나라 시대에 마곡(麻谷) 선사가 장경(章敬) 선사를 방문하니 장경 선사께서 선상(禪床)에서 좌선중이셨습니다. 마곡 선사가 좌선상을 세 번 돌고 주장자를 들어 땅에 탁 내리쳐 꽂고서 보이니, 장경 선사께서

　"옳고, 옳다!" 하셨습니다.

　이에 마곡 선사는 곧바로 남전(南泉) 선사 처소로 가서 종전과 같이 남전 선사의 좌선상을 세 번 돌고 주장자를 들어 땅에 탁 내리쳐 꽂고 서 보이니, 남전 선사께서는

　"옳지 못하고, 옳지 못하다!" 하셨습니다.

　이에 마곡 선사가

　"장경 선사는 '옳고, 옳다' 하시거늘, 화상(和尙)은 어째서 옳지 못하다 하십니까?" 하고 물으니, 남전 선사께서 이르시기를

　"장경은 옳음이나, 너는 옳지 못함이니라. 바람의 힘으로 구르는 바는 마침내 무너짐을 이룸이로다." 하셨습니다.

　그러니 마곡 선사가 문득 가버렸습니다.

　모든 대중은 세 분 선사의 문답처를 아시겠습니까?

　산승이 이 세 분 선사님들의 거량처(擧揚處)를 일일이 점검하겠노라.

　마곡 선사가 장경 선사께서 앉아계시는 선상을 세 바퀴 돌고

서서 주장자를 들어 땅에 탁 내리쳐 꽂고 서 보임에 장경 선사께서 '옳고, 옳다!' 하셨을 때 마곡 선사는 그냥 나왔지만, 산승이라면 다시 장경 선사의 좌선상을 한 번 돌고 나오리라.

남전 선사의 좌선상(坐禪床)을 마곡 선사가 세 번 돌고 서서 주장자를 들어 땅에 탁 내리쳐 꽂고 서 보이니, 남전 선사께서는 '옳지 못하고, 옳지 못하다.' 하시었습니다. 이에 마곡 선사가 '장경 선사는 옳다 하였는데, 화상은 어째서 옳지 못하다 하십니까?' 하니, 남전 선사께서 '장경은 옳거니와 마곡은 옳지 못하다. 바람의 힘으로 구르는 바는 마침내 무너짐을 이루느니라.' 이렇게 이르시면, 산승은 역시 좌선상을 한 번 돌고 가리라.

그러면 필경(畢竟)에 말후일구(末后一句)는 어떻게 생각하십니까?

颯颯清風來未休   〈불불청풍래미휴〉

山前松竹依然在   〈산전송죽의연재〉

불고 부는 맑은 바람은 쉼이 없음이요,

산 앞에 송죽들은 의연히 있음이로다.

〔주장자(拄杖子)로 법상(法床)을 한 번 치고 하좌(下座)하시다.〕

간화선(看話禪) 수행법

· 5 ·

2013년 계사년 동안거 해제법어

〔상당(上堂)하시어 주장자(拄杖子)를 들어 대중에게 보이시고, 〕

진리의 대도는 돈점(頓漸)이 없음이요,

오직 사람들의 근기에 점수(漸修)와 돈오(頓悟)가 있음이로다.

마음, 마음, 마음이여!

가히 찾기가 어려움이로다.

찾으려 한 즉은 그대가 가히 보지 못함이로다.

무심(無心)히 앉아 있으니

마음도 무심히 앉아 있음이로다.

〔 주장자를 바로 들어 보이시면서, 〕

대중은 보고, 볼지어다.

• • •

금일은 동안거 해제일입니다. 모든 대중은 과연 지난 석 달 동안 부끄러움 없는 수행을 했는지 돌이켜봐야 합니다. 우리가 세간을 떠나 머리를 깎고 부처님 법에 귀의한 것은 마음을 깨달아 만인을 부처님 진리의 세계로 인도하기 위함인데, 이렇게 자기사(自己事)도 해결하지 못하고 있다면 무엇이 부족하고 원인이 무엇인지 잘 살펴서 더 이상 중생의 습기에 놀아남이 없어야 합니다.

이 공부는 마음에서 우러나오는 간절한 의심으로 화두일념삼매(話頭一念三昧)에 들어 죽었다 살아나야 성취되는 것이라, 보는 것 듣는 것을 다 잊고 깊은 삼매에 들어 화두가 흐르는 물처럼 끊어짐 없이 흘러가야 되는 법인데, 그러지 못하고 문득 알았다 하는 것은 정해정식(情解情識)에 떨어진 것이요, 사도(邪道)에 떨어진 것이니, '알았다'는 생각은 다 내려놓고 선지식의 바른 지도하에 실답게 정진해 나가야 할 것입니다.

그러기 위해서는 먼저 바른 자세부터 갖추어야 되는 것이니, 대오견성(大悟見性)하여 선지식께 인가를 받는 날이 바로 해제일이라는 굳은 다짐을 하고 바깥을 돌아보지 말아야 합니다.

해제했다고 이 산중 저 산중 기웃거리고, 이 스님 저 신도 만나고 다닌다면 이는 허송세월일 뿐만 아니라 중생의 습기(習氣)만 더 키우는 일이요, 죽음에 다다라서는 후회밖에 없습니다.

그러니 대오견성으로 해제를 삼고 이 공부를 마치기 전에는 바랑을 짊어지고 산문 밖을 나서지 않으리라는 굳은 각오를 다져 정진에 정진을 다하기 바랍니다.

산승이 2011년도에 세계 개신교의 역사적 성지인 뉴욕 리버사이드 교회에서 간화선대법회를 개최하였는데, 남북의 평화통일과 세계평화가 원만하고 화목한 가운데 성취되기 위해서는 지구촌 모든 인류가 마음을 수양하는 것보다 더 중요한 것이 없음을 설파하기 위한 자리였습니다.

부처님 진리의 수행법이요, 동양정신문화의 골수인 간화선법을 이제 모든 사부대중이 널리 선양하여 온 지구촌이 종교를 초월하여 참나를 찾는 참선수행으로써 도반이 되어야 합니다. 그러면 극락정토가 지금 이곳에 실현되는 것이니 이보다 더 큰 작복(作福)은 없을 것입니다. 그래서 만인이 간화선법을 닦고 널리 선양하는 일로써 무량한 복을 짓기를 바라는 뜻에서 그날의 법문을 다시금 되새기고자 합니다.

이제 세계는 종교와 사상을 넘어서 서로가 마음을 통하는 시대가 되었습니다. 그러므로 모든 종교는 인간 내면세계의 정화와 좀 더 나은 세상을 만드는 일에 협력하는 우애로운 형제가 되고, 선한 이웃이 되는 데 앞장서야 합니다.

금일 산승이 여러분께 소개하고자 하는 동양정신문화의 골수인 간화선은 모든 종교와 사상을 초월하여 참나를 깨달아 세계 평화를 이룰 수 있게 하는 훌륭한 수행법입니다.

인인개개(人人箇箇)가 스스로 참나를 깨달아 마음의 고향에 이르면, 어머니의 품과 같이 온갖 시비갈등과 시기와 질투가 끊어 없어져서 대안락과 대자유, 그리고 무량한 대지혜를 수용하게 됩니다.

참나를 깨닫는다고 하는 것은 지금 이 자리에서 산승의 법문을 듣고 있는 주인공을 깨닫는 것입니다. 그 주인공은 모든 곳에서 주인공이 되어 무애자재(無碍自在)하게 됩니다. 그래서 어디에도 의존하지 않고 모든 가치관에서 자유로운 사람이 되고, 모든 종교와 정치제도, 문화적 제약에서 벗어난 절대자유인이 되는 것이니, 인류의 희망이 참나를 깨닫는 데 있고, 참된 미래가 여기에서 열리게 되는 것입니다.

그러면 어떻게 해야 참나를 깨달아 마음의 고향에 이르러 다 같이 영원토록 대평화를 누릴 수 있는가?

우선, 먼저 참나를 깨달은 눈 밝은 '참스승'을 만나는 것이 가장 중요합니다. 광대무변하고 심오한 마음의 고향에 도달하기 위해서는 혼자의 힘으로는 불가능하기 때문입니다.

이렇게 눈 밝은 스승을 만나 대오견성의 발원을 확고히 하여 모든 분들이 각자 일상생활 속에,

'부모에게 나기 전에 어떤 것이 참나인가?'

하고 오매불망 간절히 의심해야 합니다. 이것을 일러 참선이라고 합니다. 이렇게 참선으로 일념(一念)이 지속되는 과정을 이루어야 마음의 고향에 이르게 되어 일월(日月)과 같은 밝은 지혜가 열리는 동시에 큰 자비와 사랑을 갖추게 되는 것입니다. 그러면 온 인류가 나와 더불어 한 몸이 되고, 온 세계 유정무정(有情無情)이 다 나와 더불어 한 집이 되어 대평화를 성취하게 될 것입니다.

또한 옛 성인들이 말씀하시기를, "사람들이 빈한하게 사는 것은 지혜가 짧기 때문이다." 하셨으니, 모든 인류가 나고 날 적마다 출세와 복락을 누리고자 한다면 이처럼 마음의 고향에 이르러 밝은 지혜의 눈을 얻어야 할 것입니다.

그러면 참나를 깨닫기 위해서는 어떻게 닦아야 하는가?

우선, 참선은 앉아서 익히는 것이 가장 쉽기 때문에 먼저 좌선을 익히도록 합니다. 아침저녁으로 좌복 위에 반가부좌를 하고 앉아 허리를 곧게 하고 가슴을 편 다음 두 손은 모아서 배꼽 밑에다 붙입니다. 눈은 2미터 아래에다 화두 생각을 두고 응시하되, 혼침과 망상에 떨어지지 않도록 눈을 뜨고 의심에 몰두해야 합니다.

이렇게 앉아서 무르익어지고 나면, 일상생활 속에 가나 오나, 앉으나 서나, 일을 하나, 산책을 하나, 잠을 자나 오매불망 간절히 화두의심에 몰두해야 합니다.

이렇게 하루에도 천번 만번 '부모에게 나기 전에 어떤 것이 참나인가?' 하고 오매불망 의심을 쭉 밀고 또 밀고 또 밀 것 같으면 모든 산란심이 일어날 틈이 없게 됩니다. 비유하자면, 촌에 방아찧는 기계는 시동이 안 걸리면 방아를 못 찧는데, 한 번 시동이 걸리면 종일 방아를 찧을 수 있는 것과 마찬가지로, 하루에도 천번 만번 의심을 밀어주라고 하는 이유는, 그렇게 천번 만번 의심하여 단련이 되면 문득 참의심이 시동걸리게 되어 화두의심 한 생각이 끊이지 않고 지속되는 과정이 오기 때문입니다. 마치 흐르는 시냇물과 같이 밤낮으로 한 생각이 흐르고 흐르게 되는데, 앉아 있어도 밤이 지나가는지 낮이 지나가는지 모르게 되고, 보고 듣는 모든 것을 다 잊어버리게 됩니다. 그렇게 화두일념에 푹 빠져서 시간이 흐르고 흐르다가 홀연히 사물을 보는 찰나에 소리를 듣는 찰나에 화두가 박살이 나게 되는 것입니다.

그러면 자연히 밝은 지혜의 눈이 열리어 억만 년이 나하도록 항상 밝아 있게 되므로, 만인의 진리의 지도자, 하늘세계와 인간세계의 사표(師表)가 되어 자유자재하게 활개를 치게 됩니다. 이렇게 한 걸음도 옮기지 않고 마음의 고향에 이르면 멋진 자유와 행복을 영원토록 누리게 되는 것입니다.

여기 모인 여러분, 참나 속에 변치 않는 정의가 있으며, 참나 속에 영원한 행복이 있으며, 참나 속에 걸림 없는 대자유가 있으며, 참나 속에 밝은 지혜가 있으며, 참나 속에 모두가 평등한 참된 평화가 있습니다. 이러한 정의와 행복과 대자유와 지혜와 평등은, 아무리 학식이 풍부하고, 아무리 부유하고, 아무리 지위와 명성이 높고 성스럽게 산다 할지라도 누릴 수 있는 것이 아니고 오직 참나를 깨달은 자만이 누릴 수 있습니다.

비록 이번 생에 화두일념삼매가 지속되는 과정을 이루지 못한다 할지라도, 온 인류가 생활 속에 꾸준히 참선수행을 닦아 행한다면 마음속에 모든 분별과 시비 갈등이 사라지게 되어 자연히 마음이 안정될 것입니다. 그러면 죽음에 다다라서도 밝은 마음 맑은 정신으로 이 몸뚱이를 옷 갈아입듯 벗게 되고 다음

생에는 반드시 진리를 깨닫게 됩니다.

그러나 이러한 참선수행을 등한시 한다면, 온갖 분별과 시비 갈등에 하루뿐만이 아니라 일생을 헛되이 보내게 될 것이니, 결과는 고통뿐이고 갈등뿐이라서 죽음에 다다라 후회한들 이미 늦습니다.

그러니 모든 분들이 간화선(看話禪)이라는 훌륭한 수행법을 꾸준히 닦으셔서 아이가 울면 자장가를 하는 가운데 화두를 챙기시고, 남편이 꾸짖을 적에도 화두를 챙기시고, 부인이 시비를 걸 때는 처사가 화두를 들고, 이러한 생활을 하면 화목한 집안이 되고 좋은 가정이 될 것입니다. 나아가 화목한 사회와 나라를 이루며, 마침내 세계평화에 큰 원동력이 됩니다.

그러면 여러분께 간화선 수행법에 대한 믿음과 확신을 드리고자, 산승이 참선수행에 입문하고 수행하여 깨달은 기연을 소개해 드릴까 합니다.

산승이 20세가 되던 정월 초에 친척 어른과 함께 남해 해관암을 찾아가 석우(石友) 선사를 친견하게 되었는데, 선사께서 산승을 보고 하시는 말씀이

"이보게 청년, 세상에 사는 것도 좋지만, 이번 생은 태어나지 않은 셈 치고 중놀이를 해보지 않겠는가?" 하셨습니다. 그래서 제가

"중놀이를 하면 어떠한 좋은 점들이 있습니까?" 하고 여쭈니,

"범부가 위대한 부처 되는 법이 있네." 하셨습니다.

'범부중생이 위대한 부처가 된다'는 이 말에 이상하게 마음이 쏠렸습니다. 그래서

"부모님이 계시니, 가서 허락을 받아보도록 하겠습니다."

이렇게 말씀드리고는 스님들 생활을 두루 살펴보니까, 세상 사람과 같이 밥을 먹고 살지만 판이하게 다른 생활을 하고 있었습니다. 스님들이 손수 빨래하고, 밥짓고, 나무하고, 그 가운데 참선수행을 하고 있는데 세상 밖의 생활을 하고 있었습니다. 전생의 인연인지 산승의 눈에는 수도하는 청정한 삶이 아주 아름답게 비춰졌고, '범부가 위대한 부처된다'는 선사님의 말씀이 마음에 깊이 와 닿았습니다. 그래서 그 길로 집으로 돌아와 부모님께 허락을 얻은 후 출가하게 되었습니다.

스님이 되어 '부모에게 나기 전에 어떤 것이 참나인가?' 화두를 받아 열심히 정진하던 중 견처(見處)가 생겨, 당시에 선지식으로 가장 이름이 높았던 묘관음사의 향곡 선사를 찾아갔습니다.

찾아가니, 향곡 선사께서 대뜸 물으시기를

"바른 답을 해도 삼십봉(三十棒)을 맞고, 바른 답을 못해도 삼십봉을 맞을 것이니, 어떻게 하겠느냐?" 하셨습니다. 산승이 말을 못하고 우물쭈물하였는데 다시 몇 가지를 물어도 답을 못

하니, 향곡 선사께서

"아니다. 공부를 다시 해라." 하셨습니다. 그래서 2년여 동안 제방을 다니면서 수행하다가, 다시금 큰 분심을 내어 향곡 선사를 찾아갔습니다.

"화두를 하나 내려주십시오. 화두를 타파하기 전에는 바랑을 지지 않겠습니다."

아무리 팔풍(八風─이익, 손해, 비방, 찬탄, 꾸지람, 칭찬, 괴로움, 즐거움)이 불어닥친다 해도 거기에 동요하지 않겠다는 말이니, 이 것은 아무나 할 수 있는 약조가 아닙니다. 그러니 향곡 선사께서 말씀하셨습니다.

"이 어려운 진리의 관문을 네가 어찌 해결할 수 있겠느냐?"

"생명을 떼어 놓고 한번 해보겠습니다. 화두를 하나 내려주십시오."

이렇게 간청을 드리니, 산승의 참학의지(參學意志)를 간파하시고 '향엄상수화(香嚴上樹話)'라는 화두를 내려 주셨습니다. '향엄상수화'는 중국 당나라 때 위산 도인의 제자인 향엄 선사의 법문입니다.

어떤 스님이 아주 높은 나무에 올라가서, 손으로 나뭇가지를 잡거나 발로 밟지도 않고 오직 입으로만 물고 매달려 있는데, 때마침 나무 밑을 지나가던 스님이 물었습니다.

"달마 스님이 서역에서 중국으로 오신 뜻이 무엇입니까?"

답을 하려니 수십 길 낭떠러지에 떨어져 몸이 박살이 날 것이고, 가만히 있으려니 묻는 이의 뜻에 어긋나고, 이러한 때를 당해서 어찌해야 되겠는가?

이 화두를 받아서 2년 5개월 동안 결제·해제를 잊고 산문을 나가지 않고 일구월심 화두와 씨름을 했습니다. 그러다 하루는 새벽 3시에 일어나서 부처님 전에 예불을 하러 가는데, 도량이 어두워서 돌부리에 받혀 넘어졌다 일어나는 순간 홀연히 화두가 타파되었습니다. 그리하여 그 깨달은 경지를 글로 써서 향곡 선사께 올렸습니다.

這箇拄杖幾人會	〈자개주장기인회〉
三世諸佛總不識	〈삼세제불총불식〉
一條拄杖化金龍	〈일조주장화금룡〉
應化無邊任自在	〈응화무변임자재〉

이 주장자 이 진리를 몇 사람이나 알꼬.
과거·현재·미래 모든 성인들도 다 알지 못함이로다.
한 막대기 주장자가 문득 금빛 용이 되어서
한량없는 용의 조화를 마음대로 부림이로다.

이렇게 적어서 향곡 선사께 갖다 바치니, 선사께서 '용의 조화'를 들어서 물으셨습니다. 용의 조화는 산을 떠 오기도 하고 산을 없애기도 하고, 비를 내리기도 하고 비를 거두기도 하는 것입니다.

"너 문득 용 잡아먹는 금시조를 만나서는 어떻게 하려는고?"

이렇게 물으시니, 산승이 즉시

"전신을 굽히고 움츠려가지고 당황하여 몸을 세 걸음 물러갑니다.[굴절당흉퇴신삼보(屈節當胸退身三步)]" 하니 향곡 선사께서

"옳고, 옳다. 모든 성인의 진리의 가풍(家風)이 이 게송 중에 다 있구나. 장차 너로 인해 참선법이 크게 흥하리라." 하시며, 만 사람을 지도할 안목을 갖췄다는 법을 전하는 인증서를 내리셨습니다.

佛祖大活句	〈불조대활구〉
無傳亦無受	〈무전역무수〉
今付活句時	〈금부활구시〉
收放任自在	〈수방임자재〉

부처님과 도인의 산 진리는

전할 수도 없고 또한 받을 수도 없나니

이제 그대에게 산 진리를 전하노니

만인 앞에 진리의 전(塵)을 펴거나 거두거나 그대에게 맡기노라.

이때 산승의 나이 33세였습니다. 이렇게 참선공부를 해서 진리를 깨달아 먼저 깨달은 스승에게 인증을 받는 가풍이, 석가여

래로부터 2500년이 넘는 세월 동안 전해 내려오는 전통입니다.

　당나라 시대에 암두(巖頭) 선사는 태어나면서부터 모든 혜안 (慧眼)을 갖춘 생이지지(生而知之)셨는데, 덕산(德山) 선사를 스승 으로 모시고 일여(一如)하게 지냈습니다.

　하루는 덕산 선사를 친견하기 위해 조실채에 가서는, 조실스 님 방문을 열고 한 발은 방 안에 들여놓고 다른 한 발은 마루에 딛고 서 있으면서 물었습니다.

　"선사님, 제가 성인(聖人)입니까, 범부(凡夫)입니까?"

　이에 덕산 조실스님께서 문득 할(喝)을 하시니, 암두 스님이 절을 올리고 돌아갔습니다.

　이 거량을 동산(洞山) 선사께서 전해 듣고 평(評)하시기를,

　"암두 전활(巖頭全豁) 상좌가 아니고는 덕산의 할을 알아듣기 어렵도다."라고 하셨습니다.

　암두 스님이 그 말을 전해 듣고는,

　"동산 노인이 좋고 나쁜 것을 알지 못하고 함부로 말을 하는 구나. 내가 그 당시에 한 손은 들고, 한 손은 내렸었노라." 하였 습니다.

　금일 해제에 임하는 모든 대중, 어느 곳이 한 손은 들고, 한 손은 내린 곳입니까? 이 낙처(落處)를 바로 아는 이는 참학사(參 學事)를 마친 것이라. 이러한 법문을 바로 보는 눈이 열려야사

70

모든 도인의 눈을 점검하는 바른 눈을 갖추게 됨이요, 그러지 못하면 진리의 도와는 십만팔천 리 멀어진 것입니다.

지난 달 어느 가톨릭 신부가 성철(性徹) 선사의 돈오돈수(頓悟頓修)에 대해 평을 했는데, 세상의 지식으로는 진리의 도에 이빨을 내밀 수 없는 것이라, 백과서적을 보고 팔만대장경을 다 외운다 한들 진리의 정안을 갖추지 못하면 천리 만리 밖에서 헤매는 꼴이로다.

사해오호(四海五湖)의 어리석은 자들이여, 경거망동(輕擧妄動)을 하지 말라.

〔주장자(拄杖子)로 법상(法床)을 한 번 치고 하좌(下座)하시다.〕

거량(擧揚)

황벽(黃檗)·임제(臨濟) 선사와

조주(趙州) 선사,

·6·

2015년 을미년 하안거 해제법어

〔상당(上堂)하시어 주장자(拄杖子)를 들어 대중에게 보이시고,〕

識得拄杖子	〈식득주장자〉
啐啄之機箭抽鋒	〈줄탁지기전추봉〉
瞥然賓主刹那分	〈별연빈주찰나분〉
不識拄杖子	〈불식주장자〉
杖頭有眼明如日	〈장두유안명여일〉
漢來漢現胡來胡現	〈한래한현호래호현〉

이 주장자 진리를 알 것 같으면

줄탁의 기틀은 화살과 칼날을 잡음이니,

눈 깜짝할 사이에 손과 주인을 가림이로다.

이 주장자를 알지 못한다 하더라도

주장자 머리 위에 해와 같은 밝은 눈이 있어서

한인(漢人)을 만나면 한인을 나투고,

호인(胡人)을 만나면 호인을 나툼이로다.

금일은 어언 여름 석 달 안거를 마치는 하안거 해제일이라. 결제에 임했던 기상과 기개로 삼복더위를 잊고 각고의 정진에 몰두해서 본분사(本分事)를 해결했다면 금일이 진정한 해제가 될 것이나, 그렇지 못하다면 해제일이 동시에 결제일이 되어야 할 것입니다.

자신을 돌아보고 돌아보아야 함이로다.

진정한 해제란 화두를 타파하여 자기의 본성을 알게 될 때 천하를 횡행하는 대자유인이 되는 것이나, 그렇지 않다면 다시금 마음을 담금질하여 대오견성(大悟見性)의 각오를 되새겨야 할 것입니다.

해제일이 되었다고 바랑을 지고 이산 저산 유랑 다니듯 정신없이 다녀서는 아니 되며, 화두를 걸망에 넣어두고 허깨비처럼 행각(行脚)을 떠나서도 아니 됩니다.

그렇게 허송세월만 해서는 대도(大道)를 이루기가 불가능하니, 화두(話頭)를 타파하여 선지식(善知識)께 인가받는 날이 해제라 다짐하고 바위처럼 흔들림이 없이 혼신의 힘으로 정진에 정진을 거듭해야 함이로다.

화두를 챙김에 있어서 일거수일투족(一擧手一投足)에 마음에서 우러나와, 걸음걸음마다 호흡호흡마다 화두를 여의지 않고 간절한 의심으로써 화두를 챙기고 의심하기를 흐르는 물과 같이 끊어짐이 없도록 씨름해야 할 것이로다.

이렇게 일념이 되도록 노력하다보면 문득 참의심이 돈발(頓發)하여 보는 것도 잊어버리고, 듣는 것도 잊어버리고, 밤인지 낮인지도 모르고 며칠이고 몇 달이고 흐르고 흐르다가, 홀연히 사물을 보는 찰나에 소리를 듣는 찰나에 화두가 해결되어 불조(佛祖)의 백천공안(百千公案)을 한 꼬챙이에 꿰어버리게 됨이니, 그러면 누가 어떤 물음을 던지더라도 석화전광(石火電光)으로 척척 바른 답을 내놓게 되고, 제불제조(諸佛諸祖)와 조금도 다를 바 없는 살림살이를 수용하게 될 것입니다.

이렇게 되면 억만 년이 다하도록 깨달은 삼매(三昧)의 낙을 누리고, 염라대왕이 잡으러 온다 해도 보이지 않으니 잡아갈 수가 없음이로다.

• • •

중국 당나라 시대에 조주(趙州) 선사께서 행각차(行脚次)에 황벽(黃檗) 선사 회상(會上)에 들르시니, 황벽 선사께서 조주 선사 오시는 것을 보고 방장실로 문을 닫고 들어가 버리셨습니다. 이에 조주 선사께서 법당에 들어가서,

"불이야! 불이야![구화구화(救火救火)]" 하시니, 황벽 선사께서 문을 열고 나와서 조주 선사를 붙잡고 말씀하셨습니다.

"일러라! 일러라![도도(道道)]"

이에 조주 선사께서

"도적이 지나간 후에 활을 쏨이로다.[적과후장궁(賊過後張弓)]"라고 하셨습니다.

일일(一日)에 조주 선사께서 임제사(臨濟寺)를 방문하여 발을 씻고 있는 차에, 임제 선사께서 다가와 물으시기를

"어떤 것이 조사가 서쪽에서 오신 뜻입니까?" 하시니, 조주 선사께서

"마침 노승이 발을 씻는 중이니라." 하고 대답하셨습니다.

이에 임제 선사께서 가만히 다가가서 귀를 기울이고 들으시거늘, 조주 선사께서

"알면 바로 알 것이지, 되씹어 무엇 하려는고?" 하심에 임제 선사께서 팔을 흔들며 가버리시니, 조주 선사께서 말씀하셨습니다.

"30년간 행각하다가 오늘에야 처음으로 주각(註脚)을 잘못 내렸다."

시회대중(時會大衆)은 조주 선사를 알겠습니까?

須具透頂透底之眼　　　〈수구투정투저지안〉

處處相逢善知識　　　〈처처상봉선지식〉

當機一句千古輝　　　〈당기일구천고휘〉

조주 선사는 모름지기 위를 뚫고 아래를 뚫어보는 그러한 눈을 갖추어서

처처에 선지식을 상봉하니

기틀에 다다른 일구가 천고에 빛남이로다.

대중은 황벽 선사를 알겠습니까?

龍虎相撲 全身廻避難　　　〈용호상박 전신회피난〉

雖然如是　　　〈수연여시〉

好手中 呈好手　　　〈호수중 정호수〉

天上人間能幾幾　　　〈천상인간능기기〉

76

용과 범이 서로 부딪힘에 전신을 회피하기가 어려운지라.

비록 이와 같으나

능란한 솜씨에 능란한 솜씨를 바치니,

천상세계와 인간세계에 몇몇이나 될꼬?

대중은 임제 선사를 알겠습니까?

臨濟全機格調高	〈임제전기격조고〉
棒頭有眼辨秋毫	〈봉두유안변추호〉
掃除狐兎家風峻	〈소제호토가풍준〉
變化魚龍電火燒	〈변화어룡전화소〉
活人刀殺人劍	〈활인도살인검〉
倚天照雪利吹毛	〈의천조설이취모〉
一等令行滋味別	〈일등령행자미별〉
十分痛處是誰遭	〈십분통처시수조〉
還會臨濟麼	〈환회임제마〉
蒼天 蒼天	〈창천 창천〉

임제 선사의 온전한 기틀은 격조가 정말로 높고 높은지라,

주장자 머리 위에 눈이 있어서 가을철 털끝을 가림이로다.

야호와 토끼를 쓸어 없애니 가풍이 준걸함이요,

변화의 어룡(魚龍)을 번갯불에 사름이로다.

사람을 살리는 칼과 사람을 죽이는 검이여!

하늘을 비껴 번쩍이니 날카로운 취모검이로다.

일등 령(令)을 행함은 그 맛이 특별함이니,

십분(十分) 아픈 곳을 이 누가 알리오.

도리어 임제 선사를 알겠는가?

아이고! 아이고! 곡(哭)을 함이로다.

〔 주장자(拄杖子)로 법상(法床)을 한 번 치고 하좌(下座)하시다. 〕

대오견성(大悟見性)

덕산(德山) 선사의

· 7 ·

2015년 을미년 동안거 결제법어

〔상당(上堂)하시어 주장자(拄杖子)를 들어 대중에게 보이시고,〕

順水使船猶自可   〈순수사선유자가〉

逆風把柁世間稀   〈역풍파타세간희〉

雖然好箇擔板漢   〈수연호개담판한〉

到頭未免落便宜   〈도두미면낙편의〉

什麽人 恁麽來   〈십마인 임마래〉

흐르는 물에 배를 띄움은 오히려 쉬움이나

바람을 거슬러 키[柁]를 잡음은 세간에 드묾이라.

비록 이 좋은 담판한(擔板漢)이나

마침내 편의(便宜)에 떨어짐을 면치 못함이로다.

어떤 분이 이렇게 옮인고?

금일은 을미년(乙未年) 동안거 결제일이라.

바람이 불고 비가 오는 성주괴공(成住壞空)의 자연 이치처럼 인간도 나고 늙고 병들고 죽는 생로병사(生老病死)의 흐름 속에서 벗어나지 못하고 죽음에 이르러서야 세월의 흐름만 한탄하게 될 것이라. 이 삼동구순의 결제를 위해 대중들이 모여서 안거를 시작함은 부처님의 가르침인 행사해탈의 대오견성을 이루기 위함이라.

세계에서 우리나라만큼 안거 제도가 제대로 이어져 오고 있는 곳이 없으니, 얼마나 다행한 일이며 얼마나 수행하기 좋은 곳인지 생각한다면 부처님의 은혜와 시주의 은혜를 잊지 말고 일각(一刻)도 방일(放逸)하지 않아야 할 것입니다.

이 몸은 100년 이내에 썩어서 한 줌 흙으로 돌아가 버리므로, 이 몸은 참다운 나가 아닙니다. 참다운 나가 어떤 것인지 모르는 까닭에 중생들은 나고 날 적마다 끝없는 고통의 바다에서 헤어날 수 없는 것입니다.

그러니 '부모에게 나기 전에 어떤 것이 참나인가?' 이 화두(話

頭)를 일상생활 가운데에 앉으나 서나, 가나 오나, 일체처(一切處) 일체시(一切時)에 놓치지 말고 챙겨야 할 것입니다.

화두를 지어가는 사람은 부지기수임에도 어찌하여 일념삼매(一念三昧)를 지속하지 못하고 대오견성(大悟見性)을 하지 못하느냐?

중생에게는 낙동강 모래알의 숫자만큼이나 무한한 전생의 중생습기(衆生習氣)가 태산같이 쌓여있기 때문에, 반딧불 같은 신심과 용기로는 수천 생, 수만 생을 수행한다 해도 견성이 불가능합니다. 모든 반연(攀緣)을 끊고 시비장단(是非長短)을 모두 내려놓고, 견성하고 말겠다는 확고한 대신심과 불타는 대용맹심을 내어 간절하게 마음에서 우러나오는 각자의 화두를 챙기고 의심하고 챙기고 의심하여 번뇌와 망상이 들어올 틈이 없도록 혼신의 노력을 쏟아야 합니다.

그렇게 정성껏 잡도리하다 보면 자기도 모르는 사이에 화두가 익어져서 밤낮으로 흐르고 흐르다가 문득 참의심이 발동이 걸리게 되는데, 그때는 보는 것도 잊어버리고 듣는 것도 잊어버리고, 앉아 있어도 밤이 지나가는지 낮이 지나가는지 며칠이 지나가는지 몇 달이 지나가는지 모르게 되니, 이것이 일념삼매(一念三昧)인 것입니다.

이처럼 일념삼매가 시냇물이 끊어지지 않고 흐르는 것처럼 일주일이고 한 달이고 일 년이고 지속될 때, 홀연히 보는 찰나에 듣는 찰나에 화두가 박살이 나게 됨이로다. 그리하면 어떠한 법문에도 석화전광(石火電光)으로 바른 답이 흉금(胸襟)에서 흘러나와 여탈자재(與奪自在), 살활종탈(殺活縱奪)의 수완을 갖추고 억겁세월이 지나도록 진리의 낙을 수용하며 불조(佛祖)의 스승이 되고 인천(人天)의 스승이 되어 천하를 횡행(橫行)하는 대장부(大丈夫)의 활개를 치게 됨이로다.

• • •

덕산(德山) 스님은 중국 북방(北方)지역 사찰에 거주하면서 일생 금강경(金剛經)을 독송하고 금강경 주(註)와 소(疎)로 일관하여 금강경에 달통한 스님이었습니다.

하루는 덕산 스님이 말하기를

"남방(南方) 선지식들로부터 들려오는 말들이, '곧 사람의 마음을 가리켜서 성품을 보고 부처를 이룸이라.[직지인심 견성성불(直旨人心 見性成佛)]' 하니, 이러한 말이 어찌 있을 수 있느냐? 내가 남방에 가서 모든 남방 선지식들을 일봉(一棒)으로 때려서 벙어리가 되게끔 하리라."

굳게 다짐하고 북방을 출발하여 남방으로 향하였습니다.

여러 달을 걷고 걸어서 남방의 용담사(龍潭寺) 부근에 이르니, 점심때가 되어 요기(療飢)를 하려고 사방을 살피던 중 노변(路邊)

에 빵을 구워 파는 노보살이 있기에 다가가서,

"점심 요기를 좀 합시다." 하니,

그 빵 굽는 노보살이 물었습니다.

"스님 바랑 속에 무엇이 그리 가득 들어 있소?"

"금강경 소초(疏秒)입니다."

그러니 노보살이 말하기를,

"내가 금강경의 한 대문(大文)을 물어서 답을 하시면 점심을 그냥 대접할 것이고, 만약 바른 답을 못하면 다른 데 가서 요기를 하십시오." 하니, 덕산 스님이 자신만만하게 물으라고 하였습니다.

노보살이 금강경 한 대문을 들어 묻기를,

"금강경에 이르기를 '과거심(過去心)도 얻지 못하고, 현재심(現在心)도 얻지 못하고, 미래심(未來心)도 얻지 못한다' 하니, 스님은 과거심에다 점을 치시렵니까[點心], 현재심에다 점을 치시렵니까, 미래심에다 점을 치시렵니까?" 하니, 그 물음에 덕산 스님이 벙어리가 되어 답을 못하고 멍하게 서 있었습니다.

이에 노보살이 말하기를,

"바른 답을 못했으니 약속과 같이 다른 데 가서 요기를 하십시오. 그리고 십 리쯤 올라가면 용담사(龍潭寺)라는 큰 절이 있으니 용담(龍潭) 선사께 가서 불법(佛法)을 물으십시오." 하였습니다.

그러면 이 보살은 어떤 보살이냐? 큰 용기와 신심으로 남방 마구니들을 한 방망이 때려서 벙어리로 만들겠다는 북방 덕산 스님의 그 용기와 큰 그릇됨[器]을 아시고 문수보살이 빵 굽는 보살로 나투시어 접인(接引)한 것입니다.

노보살에게 방망이를 맞고는 요기도 못하고 곧장 용담사를 찾아가 용담 선사 방문 앞에 이르러 말하기를,

"용담이라 해서 찾아왔더니, 못[潭]도 보이지 않고 용(龍)도 나타나지 않는구나!" 하니, 용담 선사께서 그 말을 듣고 문을 열고 나오시면서,

"그대가 친히 바로 용담(龍潭)에 이르렀네." 하고 방으로 맞으셨습니다.

밤이 늦도록 대담을 나누다가 덕산 스님이 객실(客室)로 가기 위해 방을 나오니, 밖이 칠흑같이 캄캄하여 한 걸음도 옮길 수가 없으므로 다시 방문을 열고,

"사방이 칠흑 같습니다. 불을 좀 주십시오."

함에 용담 선사께서 용심지에 불을 붙여 주니, 덕산 스님이 그것을 받는 순간 용담 선사께서 입으로 불어 불을 꺼버리셨습니다. 불을 끄는 이 찰나에 덕산 스님이 소리를 질러 말하기를,

"이후로는 천하 도인의 언설(言說)을 의심하지 아니하리라."

하니, 거기서 크게 진리의 눈이 열린 것입니다.

뒷날 아침에 용담 선사께서 대중방(大衆房)에 이르러 말씀하시기를,

"우리 대중 가운데 이빨은 칼날과 같고 입은 피를 담는 항아리와 같은 이가 있나니, 그가 몽둥이로 때리면 머리를 돌이키지 못하느니라. 이후에 고봉정상(孤峰頂上)에서 내 가풍(家風)의 도를 세워 가리니, 시회대중은 조심하고 조심하라!"

하셨습니다. 그 후에 덕산 스님이 법당 앞뜰에서 금강경 소초에다 불을 댕기면서,

"모든 현현(玄玄)한 웅변으로써 진리의 법을 설한다 해도 한 터럭을 허공 중에 날리는 것과 같음이요, 세상의 모든 요긴한 기틀을 다하더라도 한 방울 물을 큰 골짜기에 던지는 것과 같음이라." 하고 금강경 소초를 불살라 버리고 용담 선사께 예배하고 떠났습니다.

시회대중은 덕산 선사를 알겠습니까?

덕산 선사를 알기 위해서는 각자의 화두를 성성(惺惺)히 챙겨서 일념이 지속되는 과정이 와야 천불 만조사와 더불어 동참하리니 모든 대중은 정진에 정진을 거듭할지어다.

필경(畢竟)에 덕산 선사를 알겠습니까?

〔 양구(良久)하시다가 대중이 말이 없으니, 스스로 점검하여 이르시기를, 〕

萬仞峯頭坐　　　　　〈만인봉두좌〉

呵佛罵祖　　　　　〈가불매조〉

脚下數三尺 會也麼　　〈각하수삼척 회야마〉

만 길이나 되는 높은 산봉우리에 앉아서

부처를 꾸짖고 조사를 꾸짖음이나

다리 아래 두 자, 석 자가 됨을 아느냐?

〔주장자(拄杖子)로 법상(法床)을 한 번 치고 하좌(下座)하시다.〕

86

용아(龍牙) 선사의 선판(禪板)

2015년 을미년 동안거 해제법어

〔 상당(上堂)하시어 주장자(拄杖子)를 들어 대중에게 보이시고, 〕

大抱沙界非爲有　　　　〈대포사계비위유〉

細入微塵豈是無　　　　〈세입미진기시무〉

昔日靈照親携處　　　　〈석일영조친휴처〉

明月淸風徧五湖　　　　〈명월청풍편오호〉

크게는 사계(沙界)를 포용함이나 있음이 아님이요,

가늘기는 티끌 속에 들어감이나 어찌 이 없으리오.

옛적에 영조(靈照)가 친히 잡은 곳에

밝은 달, 맑은 바람 오호(五湖)에 두루함이로다.

금일은 또다시 동안거 해제일이라. 삼동구순(三冬九旬)의 결제를 시작한지 엊그제 같은데 어언 해제일을 맞이함이라.

이처럼 세월은 쏜 화살보다 빠르고 손가락을 퉁기는 것보다 빠르니, 인생도 또한 그러해서 어느새 칠십이 되고 팔십이 되어 병고가 닥쳐오고 죽음에 이르게 됨이라.

그때는 누구라도 후회하지 않는 이가 없으니 해제일인 금일 대중 모두는 다시금 자신의 상황이 어떠한지를 살피고 살펴야 할 것이로다.

수행하는 이들은 세속의 즐거움은 뒤로 하고 감상적인 정리(情理)는 멀리해서 오직 끝없이 반복되는 이 생사윤회를 벗어나는 데 초점을 맞추어야 합니다.

중생들은 숙생(宿生)의 습기(習氣)와 업식(業識)이 수미산과 같아서 간화참선을 하지 않고는 생사를 벗어나는 것이 불가능하므로, 조석(朝夕)으로 대오견성을 발원하고 구경각(究竟覺)에 이를 때까지 절대로 물러나지 않겠다는 철두철미한 신심에서 우러나오는 간절한 마음으로 화두를 챙기고 의심해야 합니다.

참선은 좌복에 앉아서만 하는 것이 아니라 가고 오고 하는 일상생활 가운데에, 각자의 일을 하는 가운데에 '부모에게 나기 전에 어떤 것이 참나인가?' 이 화두를 챙기고 의심하고 챙기고 의심하여 하루에도 천번 만번 하다보면 화두가 무르익어 몰록 진의심에 들게 됩니다.

이때는 보아도 보이지 않고 들어도 들리지 않으며, 잠깐 앉아 있어도 밤낮이 가고 일주일이 가고 몇 달이 가버려서, 시간도 잊고 공간도 잊고 외부 인식도 잊어버리는 가운데 화두만이 성성(惺惺)히 시냇물이 밤낮으로 쉼 없이 흐르는 것처럼 끊어짐이 없이 이어가다 홀연히 보는 찰나에 듣는 찰나에 화두가 타파되어 참성품을 보게 됩니다.

그러면 한 걸음도 옮기지 않고 천불 만조사(千佛萬祖師)와 어깨를 나란히 하는 대장부가 되어 천하를 횡행(橫行)하는 대자유인이 되는 것입니다.

• • •

중국의 당나라 시대에 용아(龍牙) 선사께서 처음 취미(翠微) 선사를 참배하여 물으시기를,

"어떤 것이 달마 조사가 서쪽에서 오신 뜻입니까?" 하시니, 취미 선사께서 답을 하시기를,

"선판(禪板)을 나에게 가져 오너라." 하셨습니다.

용아 선사께서 선판을 가져와 취미 선사께 드리자, 취미 선사께서 잡아서 문득 때리니, 용아 선사께서 말씀하셨습니다.

"도안(道眼)이 밝기는 하나, 아직 조사의 뜻은 없도다."

또, 임제(臨濟) 선사의 처소에 가서 물으시기를,

"어떤 것이 달마 조사가 서쪽에서 오신 뜻입니까?" 하시니, 임제 선사께서

"포단(蒲團)을 가져 오너라." 하셨습니다. 용아 선사께서 포단을 가져다 임제 선사께 드리자 받아서 때리니, 용아 선사께서 말씀하시되,

"때리기는 마음대로 때림이나, 조사의 뜻은 없도다." 하셨습니다.

후일(後日)에 용아 선사께서 주지가 되어 회상(會上)을 여신 때에 어느 수좌(首座)가 있어 묻기를,

"화상(和尙)께서 행각(行脚)할 때에 취미 선사와 임제 선사에게 조사서래의(祖師西來意)를 물으셨는데, 두 분의 선사가 도안(道眼)이 밝던가요?"

하니, 용아 선사께서 말씀하시기를,

"도안이 밝기는 하나, 아직 조사의 뜻은 없도다."

하셨습니다.

이에 설두(雪竇) 선사께서 착어(着語)하시기를,

龍牙山裏龍無眼	〈용아산리용무안〉
死水何曾振古風	〈사수하증진고풍〉
禪板蒲團不能用	〈선판포단불능용〉
只應分付與盧公	〈지응분부여노공〉

용아산에는 용이 눈이 없음이라.

죽은 물에 어찌 옛 바람을 떨칠까?

선판, 포단을 능히 쓰지 못하니

다못 응당히 노공(盧公―설두 자신)에 부치라.

대중(大衆)은 세 분의 선사를 아시겠습니까?

〔스스로 이르시기를〕

시자(侍者)야! 세 분의 선사께 차 한 잔씩 드려라.

　산승이 28세 때에 묘관음사에서 향곡(香谷) 대선사를 모시고
지냈는데, 견처(見處)가 나서 게송을 지어 바침이라.

這箇拄杖幾人會	〈자개주장기인회〉
三世諸佛總不識	〈삼세제불총불식〉
一條拄杖化金龍	〈일조주장화금룡〉
應化無邊任自在	〈응화무변임자재〉

이 주장자 이 진리를 몇 사람이나 알꼬?

삼세의 모든 성인도 알지 못함이라.

한 막대기 주장자가 금빛 용이 되어

응화(應化)함이 가없이 자재함이로다.

향곡 선사께서 보고 즉시 물으시기를,

"너 문득 용 잡아먹는 금시조(金翅鳥)를 만나서는 어찌하려는고?"

"몸을 굽히고 당황하여 세 걸음 물러갑니다." 하니,

"옳고, 옳다." 하셨습니다.

석일(昔日)에 마조(馬祖) 선사께서 법상에 올라 법문 하시기를,

"금시조라는 새는 구만 리 장천(九萬里 長天)을 날아다니다가 배가 고프면 두 날개로 바닷물을 내리쳐 바닷물이 사십 리가 쪼개지는 위력을 가졌음이라. 모든 대중은 문득 금시조를 만나면 어찌 하려는고? 대답을 해보라." 하니,

등은봉(鄧隱峰) 스님이 가사(袈裟)를 둘러쓰고 법상 밑으로 들어감이로다.

부처님 출세시에 용의 무리들이 모여와서 부처님께 애원하기를,

"대자대비하신 부처님이시여! 우리 용의 무리들이 금시조에게 다 잡아 먹히게 되니, 크나큰 자비로써 우리 용의 무리를 구제하여 주옵소서." 하니, 부처님께서 가만히 관(觀)하시다가,

"한 가지 방편이 있나니라." 하시고는, 부처님 수하신 가사(袈裟) 홀을 풀어 주시며 말씀하시기를,

"이 가사 홀을 가지고 있으면 금시조에게 잡아먹히는 일은 없

으리니 잘 간직하라." 하셨습니다.

불(佛) 위신력이여! 개천개지(蓋天蓋地)로다.

부처님의 위대한 법력이여!

하늘을 덮고, 땅을 덮음이로다.

〔주장자(拄杖子)로 법상(法床)을 한 번 치고 하좌(下座)하시다. 〕

능행파(凌行婆)의 거량(擧揚)

남전(南泉)·조주(趙州) 선사와

· 9 ·

2016년 병신년 하안거 결제법어

〔 상당(上堂)하시어 주장자(拄杖子)를 들어 대중에게 보이시고, 〕

衆生諸佛不相侵   〈중생제불불상침〉

山自高兮水自深   〈산자고혜수자심〉

萬別千差明底事   〈만별천차명저사〉

鷓鴣啼處百花香   〈자고제처백화향〉

모든 중생과 모든 부처님이 서로 침범하지 아니함이요

산은 스스로 높고 물은 스스로 깊도다.

94

천차만별로 이 일을 밝히니

자고새 우는 곳에 백 가지 꽃이 향기롭도다.

알겠습니까?

금일은 병신년(丙申年) 하안거 결제일(結制日)이라.

전장(戰場)에 나서는 장수가 오직 승리를 위해 모든 것을 내려놓고 앞만 보고 나아가듯이, 태산을 오르는 사람이 중도에 포기하지 않고 정상을 향해 쉼 없이 올라가듯이, 결제에 임하는 대중은 신심(信心)과 용맹심으로 모든 반연(攀緣)을 다 끊고 모든 습기(習氣)에 놀아나지 않고 각자의 화두를 성성(惺惺)하게 챙겨서 팔만사천 모공(毛孔)에 의심이 사무쳐야 할 것이라.

그래야만 삼생(三生)의 중생업(衆生業)에 놀아나지 않고 24시간, 365일 화두의심과 씨름하는 법이라. 그러니 이번 석 달 동안은 옆도 돌아보지 말고, 삼시 세 끼 먹는 데 초연하고 삼생의 습기에 털끝만큼도 끄달리지 않고 뼛골에 사무치는 의심을 하루에도 천번 만번 하는 것이 중요함이라.

화두가 있는 이는 각자 화두를 챙기되, 화두가 없는 이는 '부모에게 나기 전에 어떤 것이 참나인가?' 하는 이 화두를 들고 오매불망 간절히 의심하고 의심해야 함이로다.

그리하면 눈 앞에 화두가 떠나지 않아 졸리는 바도 없고 망상이 일어날래야 일어날 수가 없는 것이니, 자신도 모르는 사이에 공부가 무르익어지는 것이라.

일생토록 머리를 깎고 시줏밥을 먹고 석 달 안거를 하는 이들이 부지기수인데 어째서 견성을 못하느냐 하면, 마음에서 우러나오게 화두와 씨름을 하지 않았기 때문에 그러합니다.

그러니 이 석 달간은 진짜 오늘부터 참출가를 해서 부처님 견성법을 깨달아야겠다는 확고한 신심으로 모든 반연이 재[灰]가 되고 분별망상이 재가 되도록 오로지 화두를 들고 간절한 의심으로 화두와 씨름한다는 각오로 결제에 임한다면 이번 안거 동안에 누구라도 크게 쉬는 땅에 이르러 불은(佛恩)과 시은(施恩)을 다 갚고 천하를 종횡하는 대자유인이 될 수 있을 것이라.

그러니 일각일초도 정진의 고삐를 늦추지 말아야 할 것이라.

• • •

당나라 시대에 부배(浮盃) 화상의 명성이 세간(世間)에 널리 퍼지자, 하루는 능행파(凌行婆) 보살이 찾아와서 절하고 물었습니다.

"힘을 다해 말한다 해도 이르지 못한 진리를 누구에게 부치려 하십니까?"

그러자 부배 화상이 말하기를,

"나는 그것에 대하여 말할 수 없노라."

하니, 능행파가

"멀리서 듣기로는 부배라는 이름이 자자하더니, 와서 보니 듣던 바와 같지 못하구나!" 하고 부배 화상에게 한 방망이를 내렸습니다.

"달리 장처(長處)가 있다면 그대가 드러내 보라."

부배 화상이 이렇게 말하자, 능행파가

"아이고, 아이고!" 곡(哭)을 하면서,

"이 가운데 원수의 고통이 더욱 깊도다."

라고 하였습니다.

이에 부배 화상이 묵묵히 있자, 능행파가

"말의 바르고 치우침도 알지 못하고, 이치의 옳음과 그릇됨도 모르면서 남을 위한다고 한다면 재앙이 생긴다."라고 말하였습니다.

부처님의 진리를 바로 알지 못하면서 법문을 한다든가 남을 지도한다는 것은, 정법(正法)을 그르치고 만인(萬人)의 눈을 멀게 하는 것이므로 허물이 많다는 것입니다.

그런 후에 한 스님이 부배 화상과 능행파의 이 문답을 남전(南泉) 선사께 말씀드리니, 남전 선사께서 들으시고는 이렇게 평(評)을 하셨습니다.

"슬프도다! 부배가 그 노파에게 한차례 꺾였구나!"

능행파가 이 말을 전해 듣고 웃으면서,

"남전 노사(老師)가 그래도 조그마한 기틀을 갖추었구나!"라고
하였습니다.

그런데 거기에 마침 징일(澄一)이라는 선객(禪客)이 있다가, 그
말을 듣고는 물었습니다.

"어째서 남전 선사께서 조그마한 기틀을 갖추었다고 합니
까?"

그러자 능행파가 곡(哭)을 하면서,

"슬프고 애통하도다!" 하니, 그 선객이 어리둥절해 하였습니
다. 다시 능행파가

"알겠느냐?"

하고 다그치자, 선객은 속수무책으로 합장하고 서 있기만 하
였습니다.

그러자 능행파가 탄식하며,

"죽은 송장과 같은 선객이 부지기수로다."라고 하였습니다.

후에 징일이 조주(趙州) 선사를 찾아가서 능행파와의 이 문답
을 말씀드리니, 조주 선사께서 듣고는 말씀하셨습니다.

"내가 당시에 그 구린내 나는 노파를 보았더라면 한마디 물어
서 벙어리로 만들어 버렸을 것이다."

징일이 그 말을 듣고 여쭙기를,

"그렇다면 스님께서는 그 노파에게 어떻게 물으시렵니까?"

하자, 조주 선사께서 별안간 징일을 때리셨습니다.

"어째서 저를 때리십니까?"

"이 송장 같은 선객을 이때에 때리지 않고 다시 어느 때를 기다리겠느냐?"

능행파가 이 일을 전해 듣고서 말하였습니다.

"조주 선사가 나의 방망이를 맞아야 옳다!"

조주 선사께서 이를 전해 듣고 곡을 하시며,

"슬프고, 슬프도다!" 하셨습니다. 능행파가 다시 이것을 전해 듣고 탄식하며 일렀습니다.

"조주 선사의 눈빛이 사천하(四天下)를 비춤이로다."

조주 선사께서 이 말을 전해 들으시고는 능행파에게 사람을 보내 물으셨습니다.

"어떤 것이 조주의 눈이냐?"

이에 능행파는 주먹을 내밀었습니다.

조주 선사께서 이것을 전해 듣고 송(頌)을 지어 보내시기를,

當機覿面提	〈당기적면제〉
覿面當機疾	〈적면당기질〉
報你凌行婆	〈보이능행파〉
哭聲何得失	〈곡성하득실〉

기틀에 당해 보는 찰나를 잡으니

보는 찰나에 기틀을 당함이 쏜살같더라.

그대 능행파에게 답하노니,

곡하는 소리에 어찌 얻고 잃음이 있으리오.

하시니, 이에 능행파가 회답하였습니다.

哭聲師已曉   〈곡성사이효〉

已曉復誰知   〈이효부수지〉

當時摩竭令   〈당시마갈령〉

幾喪目前機   〈기상목전기〉

곡(哭)하는 소리를 이미 아셨나니

이미 아신 뜻을 다시 누가 알리오.

당시 마갈타국 설법에

목전의 기틀을 잃음이 얼마였던고.

시회대중(時會大衆)은 남전, 조주 두 분 선사를 알겠습니까?

남전, 조주 선사는 천하 선지식(善知識) 중의 선지식이로다.

능행파를 알겠습니까?

선지식을 능가하는 고준한 안목을 갖추었으니, 보살 가운데 으뜸
이로다.

부배 선사를 알겠습니까?

이름만 분분했지, 실속 없는 허수아비로다.

대중아! 네 분의 문답처에 대해서 한마디 일러보아라.

〔 양구(良久)하시다가 대중이 말 없음에 스스로 이르시기를, 〕

三箇四箇漢 　　　　　　　〈삼개사개한〉

一坑埋却 　　　　　　　　〈일갱매각〉

噓 噓! 　　　　　　　　　〈허 허〉

세 분, 네 분을

한 구덩이에 매장함이로다.

허! 허!

〔 주장자(拄杖子)로 법상(法床)을 한 번 치고 하좌(下座)하시다. 〕

일수대일수익(一手擡一手搦)

덕산탁발화(德山托鉢話)와

· 10 ·

2016년 병신년 하안거 해제법어

〔상당(上堂)하시어 주장자(拄杖子)를 들어 대중에게 보이시고, 〕

識得拄杖子	〈식득주장자〉
今日解制	〈금일해제〉
不識拄杖子	〈불식주장자〉
今日結制	〈금일결제〉

이 주장자 진리를 알 것 같으면

금일이 해제이지만

이 주장자 진리를 알지 못할 것 같으면

금일이 해제가 아니로다.

어느덧 여름 석 달 안거가 지나고 해제일이 도래하였음이라. 금일이 해제일이라 할지라도 화두(話頭)를 타파하지 못했다면 각자가 석 달 동안 얼마만큼 마음에서 우러나오게 화두를 챙기고 의심했는지, 얼마만큼 일념이 지속되었는지를 살펴보고 반성해야 함이로다. 모든 대중은 해제일에 상관치 말고 다시금 발심하여 오로지 생사해탈(生死解脫)의 이 일을 해결하는 데 초점을 맞추어 일편단심으로 정진에 정진을 거듭할지어다.

화두가 있는 이는 각자의 화두를 챙기되, 화두가 없는 이는 '부모에게 나기 전에 어떤 것이 참나인가?' 이 화두를 자나 깨나, 앉으나 서나, 가나 오나, 일체처 일체시에 챙기고 의심하기를 하루에도 천번 만번 해야 할 것이라. 생사해탈의 대오견성(大悟見性)을 위해서는 모든 것에 초연(超然)해야 함이로다. 그러니 지금껏 지어 온 모든 반연(攀緣)은 끊고 시비장단(是非長短)은 내려놓고, 먹는 것과 입는 것과 몸뚱이에 끄달리지 말고, 견성하고 말겠다는 확고한 대신심(大信心)과 불타는 대용맹심(大勇猛心)을 내어 간절하게 마음에서 우러나오게 각자의 화두를 챙기고 의심하고 챙기고 의심하여 번뇌와 망상이 들어올 틈이 없도록 혼신의 노력을 쏟아야 함이로다.

이 견성법(見性法)은 일념(一念)이 지속되지 않으면 깨달음이 란 불가능함이라. 그렇게 정성껏 잡도리하다 보면, 자기도 모르는 사이에 화두가 익어져서 밤낮으로 흐르고 흐르다가 문득 참의심이 발동하게 됩니다. 그때는 모든 습기(習氣)와 의식분별이 재[灰]가 되어 보는 것도 잊어버리고 듣는 것도 잊어버리고, 앉아 있어도 밤이 지나가는지 낮이 지나가는지, 며칠이 지나가는지 몇 달이 지나가는지 몇 년이 지나가는지 모르게 되니, 이것이 일념삼매(一念三昧)인 것입니다.

이처럼 일념삼매가 시냇물이 끊어지지 않고 흐르는 것처럼 지속되다가, 홀연히 사물을 보는 찰나에 소리를 듣는 찰나에 화두가 박살이 나면서 본성(本性)이 드러나고 한 걸음도 옮기지 않고 모든 부처님과 모든 도인들과 더불어 동등한 지혜를 얻게 됨이로다. 그리하면 어떠한 법문에도 바른 답이 흉금(胸襟)에서 석화전광(石火電光)으로 흘러나와서 살활종탈(殺活縱奪)의 수완을 갖추고 억겁세월이 지나도록 진리의 낙을 수용하며 불조(佛祖)와 인천(人天)의 스승이 되어 천하를 종횡(縱橫)하는 대장부의 활개를 치게 됨이로다.

우리 선문(禪門)에서 가장 영웅적인 호걸상을 갖춘 이가 누구인고! 임제(臨濟) 선사와 덕산(德山) 선사로다. 두 선사는 진리의 고준한 안목을 만천하에 드날려 천고(千古)에 빛낸 조사(祖師) 중의 조사요, 영웅 가운데 영웅이라. 임제 선사와 덕산 선사를 알고자 할진댄, 각자의 화두를 성성(惺惺)히 챙겨서 일념이 지속되는 과정이 와야 천불 만조사와 더불어 동참하리니, 모든 대중은 혼신의 정력으로 정진에 힘쓸지어다.

• • •

중국 당나라 시대에 덕산 선사께서 회상(會上)을 열어 대중을 지도하고 계실 때, 참으로 훌륭한 두 분의 눈 밝은 제자를 두었습니다. 한 분은 암두(岩頭) 선사인데 참선하여 깨달은 바도 없이 그대로 생이지지(生而知之)요, 또 한 분은 훗날 천오백 대중을 거느리신 설봉(雪峰) 선사였습니다.

암두 선사는 덕산 선사를 스승으로 모시고 일여(一如)하게 지내다가, 일일(一日)에 덕산 선사를 친견하기 위해 조실채에 갔습니다. 그러고는 조실스님 방문을 열고 한 발은 방 안에 들여놓고 다른 한 발은 마루에 딛고 서 있으면서 물었습니다.

"선사님, 제가 성인(聖人)입니까, 범부(凡夫)입니까?"

이에 덕산 선사께서 문득 할(喝)을 하시니, 암두 스님은 절을 올리고 되돌아갔습니다.

그런 후 동산(洞山) 선사께서 덕산 선사와 암두 스님이 거량한 것을 전해 듣고 평(評)하시기를,

"암두 전활(巖頭全豁) 상좌가 아니고는 덕산의 할을 알아듣기

어렵도다."라고 칭찬을 하셨습니다.

암두 스님이 그 말을 전해 듣고는,

"동산 노인이 좋고 나쁜 것을 알지 못하고 함부로 말을 하는 구나. 내가 그 당시에 한 손은 들고, 한 손은 내렸었노라." 하였습니다.

모든 대중은 어느 곳이 한 손은 들고, 한 손은 내린 곳인지 말해보십시오.

이 법문이야말로 도인(道人) 문중에서 법의 안목(眼目)을 가리는 골자입니다. 이러한 법문은 옛 부처가 화현(化現)한 경우가 아니고는 활개를 칠 수가 없는 대문입니다. 그간에 무수 도인이 출세(出世)하셔서 심오한 법문을 많이 설하셨지만, 이 법문을 능가할 만한 법문이 없다고 해도 과언이 아닙니다. 이러한 법문도 알기가 매우 어려움이라.

대중은 아시겠습니까?

하루는 덕산 선사께서 공양 시간이 되지 않았는데 발우를 들고 공양간으로 걸어가셨습니다. 공양주인 설봉 스님이 이 모습을 보고 여쭙기를,

"방장스님, 종도 치지 않고 북도 울리지 않았는데 발우를 가지고 어디로 가십니까?"

하니, 덕산 선사께서는 아무 말 없이 그냥 고개를 숙이고 조

실방으로 돌아가 버리셨습니다.

　그 광경을 설봉 스님이 사형(師兄)되는 암두 스님에게 말하니, 암두 스님이 듣고는 대뜸 말했습니다.

"덕산 노인이 말후구(末後句) 진리를 알지 못하는구나!"

　자신의 스승이건만 단번에 이렇게 평가하니, 법을 논함에 있어서는 스승과 제자를 따지지 않는 법이로다. 덕산 선사께서 아무 말 없이 고개를 숙이고 돌아간 뜻이 무엇이며, 암두 스님은 어째서 덕산 선사가 말후구 진리를 알지 못했다 했는지 알아야 함이로다.

　암두 스님의 그 말이 총림에 분분하여, 덕산 선사의 귀에도 들어가니 암두 스님을 불러서 물으시기를,

"너는 왜 내가 말후구를 알지 못했다고 하는고?"

　하시니, 암두 스님이 덕산 선사의 귀에다 대고 아무도 듣지 못하게 은밀히 속삭였습니다.

　그런 후로 뒷날 덕산 선사께서 상당하여 법문하시는데, 종전과 판이하게 다르고 당당하게 법문하셨습니다.

　법문을 다 마치시고 법상에서 내려오니, 암두 스님이 덕산 선사의 손을 잡고 말하기를,

"정말 반갑고 즐겁습니다. 스님의 법은 천하 도인이라도 당

할 자가 없습니다. 그러나 삼 년밖에 세상에 머물지 못합니다."
하니, 덕산 선사는 과연 삼 년 후에 열반(涅槃)에 드셨습니다.

대중(大衆)은 암두 스님이 덕산 선사의 귀에 대고 은밀히 속삭
인 대문을 알겠습니까? 대체 무엇이라고 속삭였기에 덕산 선사
께서 종전과는 판이하고 당당하게 법문을 하신 것인가?

'덕산탁발화(德山托鉢話)' 공안은 백천공안(百千公案) 가운데 가
장 알기가 어려운 법문인지라, 천하 선지식도 바로 보기가 어려
워서 이 법문에 대해서 평을 한 이가 거의 없음이로다. 그래서 이
공안을 바로 보는 눈이 열려야 대오견성을 했다고 인정함이로다.

그러면 금일 모든 결제대중은 이 덕산탁발화 법문을 아시겠
습니까?

〔양구(良久)하시다가 대중이 말이 없음에 이르시기를,〕

馬駒踏殺天下人   〈마구답살천하인〉
臨濟未是白拈賊   〈임제미시백염적〉
한 망아지가 천하 사람을 밟아 죽이니,
그 위대한 임제 선사도 백염적(白拈賊)이 되지 못함이로다.

〔주장자(拄杖子)로 법상(法床)을 한 번 치고 하좌(下座)하시다.〕

108

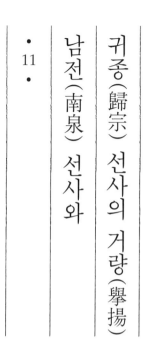

귀종(歸宗) 선사의 거량(擧揚)

남전(南泉) 선사와

2017년 정유년 하안거 결제법어

〔상당(上堂)하시어 주장자(拄杖子)를 들어 대중에게 보이시고,〕

即此見聞非見聞   〈즉차견문비견문〉

無餘聲色可呈君   〈무여성색가정군〉

箇中若了全無事   〈개중약요전무사〉

體用無妨分不分   〈체용무방분불분〉

이 보고 듣는 것이 보고 듣는 것이 아니요,

남음이 없이 모든 소리와 형상 있는 것을 그대들에게 바치나니,

이 소리와 빛깔, 모양 그 가운데 온전히 일이 없는 줄을 알 것 같으면,

진리의 체와 진리의 용을 나누고 나누지 아니하는 데 방해롭지 아니하리라.

선(禪)을 선이라 하여도 시상가첨(屎上加尖-똥 위에 똥을 더함)이요,
선을 선이라 아니하여도 참수멱활(斬首覓活-목을 베고 삶을 찾음)이로다.

如何卽是　　　　　　　　〈여하즉시〉
어떻게 해야 옳으냐?

〔 양구(良久)하시다가 대중이 말이 없으니, 스스로 답하여 이르시기를, 〕

一片白雲江上來　　　　　〈일편백운강상래〉
幾條綠水岩前過　　　　　〈기조녹수암전과〉
한 조각 흰 구름은 강 위에 떠 있고
몇 줄기 푸른 물은 바위 앞을 지나감이로다.

금일은 정유년(丁酉年) 하안거 결제일이라.
결제에 임하는 사부대중들은 먼저 우리가 왜 이렇게 모였는

110

지를 다시금 깊이 생각하여야 할 것이라. 부처님 법을 배우고 수행을 하는 것은 생로병사의 고통에서 영구히 벗어나기 위함이라.

결제에 임하는 마음자세는 모든 반연(攀緣)을 끊고, 시비분별은 내려놓고 과녁을 향해 날아가는 화살처럼 오직 대오견성(大悟見性)만을 목표로 하여 앞만 보고 나아가겠다는 다짐이 우선되어야 할 것이라.

전장(戰場)에 나서는 장수가 승리에 대한 확고한 믿음이 있을 때 승리를 쟁취할 수 있듯이 선불장(選佛場)에 임하는 수행자들은 이번 결제에 반드시 대오견성하고 말겠다는 의지와 용맹심을 철저하게 하여야 할 것이라.

중생들은 낙동강의 모래알과 같은 많은 전생의 업식(業識)과 습기(習氣)가 태산같이 쌓여 있기 때문에 범부중생에서 벗어나지 못하는 것이라.

그러기에 그 중중무진(重重無盡)한 업식과 습기에서 벗어나기 위해서는 여타의 수행법이 아니라 화두참선을 해야 함이라.

간화선의 생명은 의심이니, 그 의심은 화두에 대한 믿음이 철저할 때 생기게 됨이라. 화두를 챙기고 의심하고, 챙기고 의심하고 이렇게 애를 쓰고 노력하면 진의심이 걸리게 됨이라. 이때는 보이지도 않고 들리지도 않고 오직 화두의심만이 일주일이고 한 달이고 일 년이고 지속되다가 보는 찰나 듣는 찰나에 몰록 깨치게 되는 것이라.

화두참선이 최상승의 수행법이라는 것은 이렇게 일초즉입여래지(一超卽入如來地)에 이르는 경절문(徑截門)이기 때문이라.

화두가 있는 이는 각자의 화두를 챙기되, 화두가 없는 이는 '부모에게 나기 전에 어떤 것이 참나인가?' 하고 자나 깨나, 앉으나 서나, 가나 오나, 일체처 일체시에 화두를 챙기고 의심하는 것이 화두참선의 시작이고 마지막이라.

• • •

중국의 당나라 시대에 마조(馬祖) 도인은 유사 이래 가장 많은 도인 제자를 두었는데, 무려 84인의 도를 깨달은 제자를 배출하였습니다. 그 가운데에서도 가장 안목이 투철하고 날카로운 기틀을 갖춘 이가 귀종(歸宗) 선사, 남전(南泉) 선사, 백장(百丈) 선사였습니다.

귀종 선사와 남전 선사는 한 도인 밑에서 법을 받아 사형·사제가 되어 30년 동안 행각(行脚)을 한 도반이었습니다.

하루는 두 분이 바랑을 잔뜩 짊어지고 행각을 하시다가 목이 말라 차를 한 잔 마시려고 바랑을 풀어 놓고는 차를 달이고 계시는 차제에, 사제인 남전 선사께서 사형인 귀종 선사께

"우리가 종전에 인연사(因緣事)를 논한 것들은 오늘 다 놔두

112

고, 어떠한 것이 진리의 가장 최고 극치사(極致事)입니까?"

하시니, 귀종 선사께서 손가락으로 앞의 땅을 가리키면서,

"저 자리에 암자(庵子)를 지으면 좋겠다."

하셨습니다. 그러니 남전 선사께서 받아서

"암자 짓는 것은 놔두고, 어떤 것이 극칙(極則)의 진리입니까?"

하시니, 귀종 선사께서 차물 달이던 화로를 발로 차버리셨습니다. 두 분이서 목이 말라 차를 마시려고 달이던 냄비를 차버리니, 남전 선사께서 하시는 말씀이,

"그대는 차를 마셨지만 나는 아직 차를 못 마셨습니다."

이렇게 나오셨습니다. 이에 귀종 선사께서

"그러한 견해를 가지고는 한 방울 물도 녹이기 어렵도다."

이렇게 남전 선사의 살림살이를 점검하셨습니다.

그러니 남전 도인께서 더 이상 문답을 하지 않고 그만두셨습니다.

이와 같이, 가장 고귀한 것은 도인 스님네들이 만나서 진리의 세계를 논하고 서로 주고받는 법의 문답이로다. 이것은 천추(千秋)의 역사에 남음이로다.

발심한 스님네들이 이러한 법문을 듣고 진리의 눈이 열리면 그 이상 값진 것이 없도다. 또 이 법문을 마음속에 깊이 간직하는 여기에서 시절인연이 도래하면 고준한 진리의 눈이 열리어

만인이 우러러보는 진리의 스승이 됨이로다.

시회대중(時會大衆)은 남전 선사와 귀종 선사 간의 이 문답의
살림살이를 알겠습니까?

〔 양구(良久)하시다가 대중이 말이 없으니, 스스로 점검하여
이르시기를, 〕

     碁逢敵手難藏行 　　　　　〈기봉적수난장행〉
     龍虎相搏難兄難弟 　　　　〈용호상박난형난제〉
     기봉(碁峰)의 적수를 만나면 감추어 행하기가 어려움이요,
     용과 범이 서로 부딪힘에 형이 되기 어렵고 아우 되기가 어려움이
     로다.

〔 주장자(拄杖子)로 법상(法床)을 한 번 치고 하좌(下座)하시다. 〕

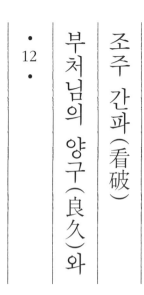

조주 간파(看破)
부처님의 양구(良久)와
· 12 ·

2017년 정유년 하안거 해제법어

〔상당(上堂)하시어 주장자(拄杖子)를 들어 대중에게 보이시고, 〕

犀因翫月紋生角　　　　　〈서인완월문생각〉
象被雷驚花入牙　　　　　〈상피뇌경화입아〉
물소가 밤에 달을 구경하니 뿔에서 문채가 남이요,
코끼리가 우레 소리에 놀라니 꽃잎이 어금니 안으로 들어감이로다.

일구(一句)의 진리를 파헤치는 이 최상승의 선법(禪法)은 알기가 무척 어렵거니와 담담해서 별 맛이 없는 고로, 소인지배(小人之輩)는 대개 소승법(小乘法)으로 흘러가고 마는 것이라.

그러나 이 법을 닦아 행하지 않고서는 어느 누구도 부처님 대도(大道)의 진리를 얻을 수 없음이라.

부처님 대도의 진리는 허공보다도 넓고 넓어 가이 없음이라.

그러므로 모든 외도(外道)들이 비방하려고 해도 비방할 수가 없고 칭찬하려고 해도 칭찬할 수가 없는 법입니다.

대중이 이렇게 모여서 삼하구순(三夏九旬) 동안 불철주야 참선정진을 한 것은 바로 이 심오한 진리의 세계를 알기 위해서입니다.

금일은 삼하구순의 날들이 쏜살같이 지나가서 어느덧 하안거 해제일이라. 만약 대중들이 구순안거(九旬安居) 동안에 목숨을 떼어놓고 모든 반연(攀緣)과 습기(習氣)를 다 놓아 버리고 참마음에서 우러나오는 화두를 들었을진대는, 개개인이 모두가 장부(丈夫)의 활개를 쳤을 것입니다.

산승이 회상(會上)을 열어 몇 번이나 결제를 하고 해제를 맞이했던가!

다시금 해제일이 돌아온 금일, 과연 장부의 활개를 칠 자가 있는가!

그런데 '알았다'고 당당하게 나오는 이가 한 사람도 없으니, 대체 그 허물이 어디에 있습니까? 그것은 온갖 분별(分別)과 망상(妄想)과 혼침(昏沈)에 시간을 다 빼앗겨서 화두일념(話頭一念)이 지속되지 않았기 때문이라.

그러니 그 허물을 뉘우치고 각성하여, 해제일이 되었다고 이산 저산으로 정신없이 유랑(流浪)을 다니거나 화두를 걸망에 넣어두고 불수(不修)의 만행(萬行)으로 정진의 끈을 놓아서는 아니 됨이라. 이 공부란 끊임없이 노력하고 노력해서 정진의 열기를 식히지 않아야 함이라. 그렇지 않으면 안거의 수만 늘어날 뿐 수행의 진취가 없게 됨이라.

다시금 심기일전(心機一轉)하여 마음속의 모든 반연을 다 쉬어버리고 오로지 화두와 씨름하고 씨름해서 한 생각이 간단(間斷)없이 지속되게끔 하여야 할 것이라. 한 생각이 지속되는 이 삼매(三昧)에 들게 되면 천 사람이면 천 사람이 다 진리의 눈을 뜨게 되어 있음이라.

수행자는 대오견성(大悟見性)만이 해제하는 것이라고 다짐하고 조금도 방심하지 말고 항상 발심하고 발원하여 화두를 놓치지 말아야 할 것이라.

화두가 있는 이는 각자의 화두를 참구하되, 화두가 없는 이는 '부모에게 나기 전에 어떤 것이 참나인가?' 하고, 이 화두를 자나 깨나, 앉으나 서나, 가나 오나, 일체처 일체시에 챙기고 의심하기를 하루에도 천번 만번 하여야 할 것이라.

· · ·

부처님께서 하루는 천이백 대중에게 법을 설하시기 위해 법상에 오르시어 말없이 앉아 계셨습니다.

이때 문수보살이 나와서 예(禮) 삼배를 올리고는,

"자세히 법왕법(法王法)을 보니 법왕법이 이와 같습니다." 하니 부처님께서 즉시 법상에서 내려오셨습니다.

말없는 이 가운데 큰 뜻이 있는 것입니다.

그러나 만약 산승에게 누군가 "법왕법을 보니 법왕의 법이 이와 같습니다."라고 한다면, 산승은

"옳지 못하고, 옳지 못하다."라고 답할 것입니다.

그리고 여기에서 바른 눈을 갖춘 이가 있어 한마디를 바로 이를 것 같으면, 그때라야 법상에서 내려가리라.

또 하루는 부처님께서 좌정하고 계시는데, 한 외도(外道)가 찾아와서 여쭙기를,

"말로써도 묻지 아니하고 말 없이도 묻지 아니합니다." 하니, 부처님께서 아무 말 없이 가만히 앉아 계셨습니다.

이 때에 외도는 부처님께서 양구(良久)하신 뜻을 깨닫고,

"부처님께서는 큰 자비로 미운(迷雲)을 헤쳐 주시어, 저로 하여금 진리의 세계에 들어가게 해 주시니 감사합니다." 하며 큰

절을 하고 떠났습니다.

그때에 부처님 곁에 아난 존자가 있었는데, 아난 존자는 부처님께서 49년 동안 설하신 일대시교(一代時敎)를 하나도 잊지 않고 그대로 기억할 만큼 총명하였기에 부처님의 십대제자 가운데 다문제일(多聞第一)이라 했었습니다.

그러한 아난 존자이지만 부처님께서 양구하신 뜻을 아무리 생각해 보아도 모르겠거니와, 또 외도가 말한 뜻도 도저히 알 수 없어서 부처님께 여쭈었습니다.

"외도는 무슨 도리를 보았기에 부처님께서 아무 말씀도 하지 않으시고 가만히 앉아 계시는데, 진리의 문에 들었다고 합니까?"

그러자 부처님께서 말씀하시기를,

"세상의 영리한 말은 채찍 그림자만 보고도 갈 길을 아느니라."라고 하셨습니다.

시회대중(時會大衆)은 알겠습니까?

산승(山僧)이 당시에 부처님의 자리에 있었더라면 부처님과는 다르게 답하였으리라.

"말로써도 묻지 아니하고 말 없이도 묻지 아니합니다." 하는 외도의 물음에 부처님께서는 양구(良久)하셨지만 산승은,

"주발을 땅에 떨어뜨리니 조각이 일곱이 남이로다.[완자낙지 접자성칠(椀子落地 楪子成七)]"라고 하였을 것입니다.

또, 외도가

"부처님께서 대자대비로써 진리의 문에 들게 해 주시니 참으로 감사합니다." 하고 큰절을 한 데 있어서는, 이 주장자로 이십 방[棒]을 때려서 내쫓았으리라.

만약 그렇게 하였더라면 그 외도는 외도의 소굴에서 영원히 벗어났을 것입니다.

아난 존자가 지켜보고는

"외도가 무슨 도리를 보았기에 진리의 문에 들었다고 합니까?" 하고 묻는 데에는, 산승은 이렇게 말하였으리라.

"아난아, 차나 한 잔 마셔라."

중국의 오대산(五臺山)은 예로부터 문수보살 도량(道場)이라고 하여, 문수보살을 예배하고 친견하고자 하는 스님들과 신도들의 행렬이 끊이지 않던 곳입니다.

당시에, 이 오대산 가는 길목에 한 노파가 있었습니다. 오대산을 찾아가는 스님들이 그 노파에게 오대산 가는 길을 물으면, 노파는 "바로 쭉 가시면 됩니다." 하고는, 그 스님이 너댓 걸음 걸어가면, "멀쩡한 스님이 또 저렇게 가는구나."라고 말했습니다. 길을 묻는 스님들에게 언제나 그렇게 인도했던 것입니다.

    어느 날 한 스님이 조주(趙州) 선사께 이 일을 말씀드리니, 조주 선사께서 들으시고는 "내가 가서 그 노파를 혼내 주겠다." 하셨습니다. 세상 사람들은 알 수 없어도 지혜의 눈이 열린 이는 말이 떨어지면 바로 그 뜻을 아는 법입니다.

    조주 선사께서 즉시 그 노파가 있는 곳으로 가셔서는 다른 스님들처럼 오대산 가는 길을 물었습니다. 그러자 노파 역시 다른 스님들에게 했던 것처럼

"바로 쭉 가시오."라고 했습니다.

    조주 선사께서 몇 걸음 옮기시자, 이번에도 노파는

"멀쩡한 스님이 또 저렇게 가는구나." 했습니다.

    이에 조주 선사께서 아무 말 없이 그대로 절로 돌아오셔서 대중들에게,

"내가 그 노파를 혼내주고 왔다."라고 말씀하셨습니다.

    여기에 부처님 진리의 눈이 있습니다.

    대체 어느 곳이 조주 선사께서 그 노파를 혼내준 곳입니까?

    산승(山僧)이 그 노파를 보건대는,

    백주(白晝)에 도적을 지어 천사람 만사람을 기만하고 있음이요,

    조주 선사를 보건대는,

    후백(侯白)의 도적이라 하더니, 다시 후흑(侯黑)의 도적이 있음

이로다.

　어느 날 조주 선사께서 행각시에 한 암자에 들어서면서 큰 소리로,
　"있고, 있느냐?" 하고 물으셨습니다.
　그러자 암주(庵主)가 문을 열고 나오면서 주먹을 내미니, 조주 선사께서
　"물이 얕아서 이곳에는 배를 대지 못하겠노라."라고 말씀하시고는 가버리셨습니다.

　또 어느 암자를 방문하셔서,
　"있고, 있느냐?" 하시자, 이 암주도 역시 주먹을 내밀었습니다.
　그런데 여기서는 조주 선사께서,
　"능히 주기도 하고, 능히 빼앗기도 하며, 능히 죽이기도 하고, 능히 살리기도 한다."라고 말씀하시면서 예배하고 가셨습니다.
　두 암주가 똑같이 주먹을 내밀었는데 어째서 이렇게 보는 바가 다르냐!
　시회대중(時會大衆)은 조주 선사의 기봉(機鋒)을 알겠습니까?

〔대중이 말이 없으니, 스스로 점검하여 이르시기를,〕

頭長三尺知是誰　　　　　〈두장삼척지시수〉

與奪臨時自由人　　　　　〈여탈임시자유인〉

석 자 머리를 가진 분을 아는 이가 누구냐?

때에 다다라 주고 뺏기를 자유로이 하는 이라.

필경에 진리의 일구(一句)는 어떠한가?

千言萬語絕盡處　　　　　〈천언만어절진처〉

手忙脚亂也不知　　　　　〈수망각란야부지〉

천마디 만마디가 다 끊어진 곳은

손이 떨리고 발이 떨려서 도저히 알 수가 없음이로다.

〔주장자(拄杖子)로 법상(法床)을 한 번 치고 하좌(下座)하시다.〕

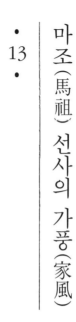

마조(馬祖) 선사의 가풍(家風)

· 13 ·

2017년 정유년 동안거 결제법어

〔상당(上堂)하시어 주장자(拄杖子)를 들어 대중에게 보이시고, 〕

全機大用不思議   〈전기대용부사의〉

三世佛祖倒三千   〈삼세불조도삼천〉

有意氣時添意氣   〈유의기시첨의기〉

不風流處也風流   〈불풍류처야풍류〉

온전한 기틀과 큰 용(用)은 생각하고 의논하지 못하는지라,

과거·현재·미래의 모든 부처님과 조사들도 삼천 리 밖에 거꾸러

짐이로다.

뜻 기운이 있는 때에 뜻 기운을 더하고

풍류가 없는 곳에 또한 풍류가 있게 함이로다.

금일은 정유년 동안거 결제일이라.

결제에 임하는 사부대중들은 시간의 신속함을 항상 잊지 말아야 할 것이라.

구름이 허공 중에 두둥실 떠 있다가 바람이 불면 흔적도 없이 사라지듯이 인생도 이와 같이 이 사바세계에 잠시 머물렀다가 구름처럼 흔적없이 사라짐이라.

사람이 사대육신(四大六身)의 형상을 이루고 있지만 숨을 들이쉬었다가 내쉬지 못하면 바로 내생(來生)입니다. 사람에게 있어서 가장 큰 일은 나고 죽는 이 일을 해결하는 것입니다.

내생이 목전(目前)에 곧 닥쳐오는데 이 귀중한 시간을 시비장단(是非長短)에 허비해 버린다면 또 다시 윤회(輪廻)의 고통에서 벗어날 수가 없게 됩니다. 그러니 모든 시비는 다 놓아버리고 오직 자기의 본분사(本分事)를 밝히는 이 일을 해야 한 생(生)을 허비하지 않고 값지게 사는 것입니다.

인생 백년이 길다고 해도 참선수행의 한나절 한가로움에 미치지 못함이라.

그러면 어떻게 해야 생사윤회의 고통에서 영구히 벗어날 수 있느냐?

먼저 불법(佛法)의 정안(正眼)을 갖춘 선지식(善知識)을 만나서 올바른 참선지도를 받아 그대로 온전히 실천해야 합니다.

화두(話頭)가 있는 이는 각자의 화두를 챙기되, 화두가 없는 이는 '부모에게 나기 전에 어떤 것이 참나인가?' 이 화두를 일상생활하는 가운데에, 자나 깨나, 앉으나 서나, 가나 오나, 일체처 일체시에 챙기고 의심해야 할 것입니다.

화두를 챙길 때는 아주 분명히 또렷하게 화두의 의심을 지어가야만 가지가지의 생각이 침범하지 못하고 혼침(昏沈)도 달아나 버립니다. 만약 털끝만큼이라도 다른 생각이 있거나 게으른 생각이 있으면 화두는 벌써 십만팔천 리 밖으로 달아나버리고 과거의 습기(習氣)로 인한 다른 생각이 마음 가운데 자리잡고서 주인 노릇을 하고 있게 됩니다.

참학인(參學人)들이 10년, 20년 동안을 참구해도 진리의 문에 들어가지 못하는 까닭은, 보고 듣는 것에 마음을 빼앗겨 간절한 한 생각이 지속되지 않기 때문입니다.

그러니 모든 반연(攀緣)은 끊고 시비장단은 모두 내려놓고, 견성하고 말겠다는 확고한 대신심(大信心)과 불타는 대용맹심(大勇猛心)을 내어 간절하게 마음에서 우러나오는 각자의 화두를 챙기고 의심하여 번뇌와 망상이 들어올 틈이 없도록 혼신의 노력을 쏟아야 함이로다. 한 번을 챙겨도 뼈골에 사무치는 화두를 챙겨야지 공부에 진취가 있고 소득이 있는 법입니다.

  그렇게 정성껏 잡도리하다 보면, 화두가 익어져서 밤낮으로
흐르고 흐르다가 문득 참의심이 발동하게 됩니다. 그때는 보는
것도 잊어버리고 듣는 것도 잊어버리고, 앉아 있어도 밤이 지나
가는지 낮이 지나가는지 며칠이 지나가는지 몇 달이 지나가는
지 모르게 되니, 이것이 일념삼매(一念三昧)인 것입니다.
  이처럼 일념삼매가 시냇물이 끊어지지 않고 흐르는 것처럼
일주일이고 한 달이고 일 년이고 지속될 때, 홀연히 보는 찰나
에 듣는 찰나에 화두가 박살나게 되고 억겁다생(億劫多生)에 지
은 업(業)이 빙소와해(氷消瓦解)되어 몰록 광대무변한 진리의 세
계가 그대로 목전에 드러나게 되리니, 그러면 모든 땅덩어리가
변해서 황금이 되고, 넓은 바닷물이 변해서 감로(甘露)의 제호
(醍醐)가 되리라.

  이 금덩어리는 아무리 써도 다함이 없고 감로의 제호는 한 번
들이킴으로 인해서 많은 생에 지어온 업장이 당하(當下)에 소멸
되니, 만 냥의 황금을 허리에 차고서 목마를 거꾸로 타고 해금
강을 산책하며 인간과 천상의 지도자가 되고 모든 불조와 더불
어 어깨를 나란히 하게 되리라.

· · ·

  석가모니 부처님 이후로 가장 위대한 도인이라면 중국의 마

조 도일(馬祖道一) 선사를 꼽을 수 있는데, 그 분의 탁월한 안목(眼目)은 감히 어느 누구도 능가할 사람이 없다 하리니, 달마 대사의 스승이신 반야다라(般若多羅) 존자께서 예언하시기를,

"네 밑으로 7대(代)의 아손(兒孫)에 이르러 한 망아지가 출현하여 천하 사람을 밟아 죽일 것이다." 했는데, 그 예언이 전해 내려와서 육조 혜능(六祖慧能) 선사에 이르렀습니다.

어느 날 육조께서 제자인 남악 회양(南嶽懷讓) 스님에게 은밀하게 부촉(付囑)하셨습니다.

"그대 밑에 천하 사람을 밟아버릴 만한 한 망아지가 출현할 것이네. 그리하여 그 밑에 수많은 도인 제자가 나와서 불법이 크게 흥성하리라고 반야다라 존자께서 예언하셨으니, 그대만 알고 잘 지도하게."

남악 회양 선사께서 회상(會上)을 열어 법을 펴시니, 마(馬)씨 성(姓)을 가진 한 수좌가 와서 신심(信心)을 내어 불철주야 공부를 지어갔습니다. 그런데 이 수좌는 항상 좌선(坐禪)하는 것만을 고집하여 자리를 뜨는 법이 없었습니다.

남악 회양 선사께서 하루는, 앉는 데 국집(局執)하는 그 병통을 고쳐 줘야겠다고 생각하시고, 좌선중인 마조(馬祖) 스님에게 말을 건네셨습니다.

"수좌는 좌선하여 무엇 하려는고?"

"부처가 되고자 합니다."

그러자 회양 선사께서는 기왓장을 하나 집어 와서 마조 스님 옆에서 묵묵히 가시기 시작했습니다. 마조 스님이 한참 정진을 하다가 그것을 보고는 여쭈었습니다.

"스님, 기왓장은 갈아서 무엇 하시렵니까?"

"거울을 만들고자 하네."

"기왓장을 갈아서 어떻게 거울을 만들 수 있습니까?"

"기왓장을 갈아서 거울을 만들지 못할진대, 좌선을 한들 어떻게 부처가 될 수 있겠는가?"

"그러면 어떻게 해야 되겠습니까?"

"소를 수레에 매서 수레가 가지 않을 때 수레를 쳐야 옳겠는가, 소를 때려야 옳겠는가?"

마조 스님이 대답을 하지 못하고 있으니, 회양 선사께서 다시 말씀을 이으셨습니다.

"그대는 좌선(坐禪)을 배우는가, 좌불(坐佛)을 배우는가? 앉아서 참선하는 것을 배운다고 한다면 선(禪)은 앉거나 눕는 데 있는 것이 아니니 선을 잘못 알고 있는 것이고, 앉은 부처를 배운다고 한다면 부처님은 어느 하나의 법이 아니니 자네가 부처님을 잘못 알고 있음이네. 무주법(無住法)에서는 응당 취하거나 버림이 없어야 하네. 그대가 앉은 부처를 구한다면 부처를 죽이는 것이고, 앉은 모습에 집착한다면 선(禪)의 이치를 깨닫지 못한 것이네."

마조 스님은 여기에서 크게 뉘우치는 바가 있어 좌선만을 고집하던 생각을 버리고, 행주좌와(行住坐臥) 사위의(四威儀) 가운데서 일여(一如)하게 화두를 참구하여 순일(純一)을 이루어 마침내 크게 깨쳤습니다.

그 후 남악 회양 선사를 모시고 10여 년 동안 시봉하면서 탁마(琢磨)받아 마침내 천하 도인의 기봉(機鋒)을 갖추게 되었습니다.

이렇게 해서 훌륭한 안목(眼目)을 갖추어 출세(出世)하시니 승속을 막론하고 참학인(參學人)들이 무수히 모여들었습니다. 그리하여 마조 선사의 지도하에 84인의 도인 제자가 나왔으니 충분히 수기(授記)를 받을 만한 분이라 하겠습니다.

마조 선사께서 어느 달 밝은 밤에, 세 제자를 데리고 도량(道場)을 거닐며 이르셨습니다.

"그대들이 이제까지 수행한 바를 저 밝은 달을 가리켜 한마디씩 일러 보게."

그러자 서당 지장(西堂智藏) 스님이

"바로 공양(供養)하는 때입니다."

라고 답했고, 백장 회해(百丈懷海) 스님은

"바로 수행(修行)하는 때입니다."라고 답했습니다.

그런데 남전 보원(南泉普願) 스님은 아무 말 없이 양팔을 흔들면서 그냥 가버렸습니다.

마조 선사께서 세 제자의 답처(答處)를 점검하여 이르시기를,

"경(經)은 지장(智藏)에게 돌아가고, 선(禪)은 백장(百丈)에게 돌아가는데, 남전(南泉)만이 홀로 형상 밖으로 뛰어났구나." 하고 남전 스님을 칭찬하셨습니다.

이 도인(道人) 문중에서는 진리의 물음에 한마디 답하기도 쉽지 않거니와, 그 답처를 꿰뚫어 상대방의 살림살이를 점검한다는 것은 더더욱 어려운 일입니다.

그렇다면 남전 스님이 양팔을 흔들면서 그냥 가버린 뜻은 어디에 있습니까?

만약 시회대중(時會大衆) 가운데 이 뜻을 아는 자가 있을 것 같으면, 산승(山僧)이 이 주장자를 두 손으로 전하리라.

세월이 흐른 후에, 황벽(黃檗) 스님이 백장 선사를 방문하여 친견하고 며칠 머물다가 하직인사를 하였습니다.

"어디로 가려는가?"

"강서(江西)에 마조 선사를 친견하러 가고자 합니다."

"마조 선사께서는 이미 천화(遷化)하셨네."

"저는 인연이 없어서 그 위대한 마조 선사를 한 번도 친견하지 못했습니다. 스님께서는 오래도록 마조 선사를 모시고 지도받으셨으니, 저에게 마조 선사의 고준한 법문을 한마디 설해 주십시오."

그러자 백장 선사께서는 두 번째 마조 선사를 참예(參詣)하였

을 때 불자(拂子)를 들었던 이야기를 해주시고는 말씀을 덧붙이
셨습니다.

"내가 그때 마조 선사께서 '할(喝)' 하신 소리에 사흘 동안 귀가
먹었었네."

황벽 스님은 이 말을 듣고 자신도 모르는 결에 혀를 쑥 내밀고
하늘을 쳐다보았습니다. 마조 선사의 '일할(一喝)'에 두 분이 활
연대오(豁然大悟)하셨던 것입니다.

그리하여 황벽 선사는 백장 선사의 상수제자(上首弟子)가 되어
법을 이으셨습니다.

그러면 마조 선사의 이 '일할(一喝)'이 얼마나 위대하길래, 두
분 선사께서 그 아래에서 몰록 깨치셨을까?

이 '일할' 가운데는 비춤[照]도 있고, 씀[用]도 있고, 줌[與]도 있
고, 뺏음[奪]도 있고, 죽임[殺]도 있고, 살림[活]도 있습니다.

마조 선사의 이 '일할'을 좇아서 후손들이 '방[棒]·할(喝)'을 썼
으니, 새로운 종풍(宗風)을 일으킨 위대한 분은 바로 마조 선사
입니다.

일러라! 마조 선사의 이 '일할(一喝)'의 낙처(落處)가 어디에 있
느냐?

〔 대중이 아무 말 없자 스스로 이르시기를, 〕

蒼天後更添怨苦　　　　〈창천후갱첨원고〉

곡(哭)을 한 후에 다시 원한의 괴로움을 더함이로다.

〔주장자(拄杖子)로 법상(法床)을 한 번 치고 하좌(下座)하시다. 〕

임제(臨濟) 선사 기용(機用)과

보화(普化) 선사의

전신탈거(全身脫去)

· 14 ·

2018년 무술년 하안거 해제법어

〔상당(上堂)하시어 주장자(拄杖子)를 들어 대중에게 보이시고,〕

當機一句千古輝   〈당기일구천고휘〉

臨危不變是丈夫   〈임위불변시장부〉

기틀을 당한 일구는 천년토록 빛남이요

위태로움에 다다라 변치 않아야 장부로다.

금일은 삼복폭염(三伏暴炎)의 하안거(夏安居) 결제를 마치는 해제일이라. 구순(九旬)의 날들을 유례없는 무더위 속에서 화두와 씨름하고 더위와 싸우면서 안거를 마치게 되었습니다.

추운 겨울이 되어야 상록수(常綠樹)의 진가(眞價)를 알 수 있듯이, 금년의 무더위 같은 어려운 환경 속에서 정진일여(精進一如)하여야만, 본인의 살림살이가 드러나고 공부의 진취가 나타나게 되는 것입니다.

진정한 수행자라면 추위와 더위, 주림과 포만, 풍족과 궁핍 등 환경과 무관하게 정진에만 몰두하여야 할 것입니다.

금년의 안거기간을 반추(反芻)하여 이번 무더위에 과연 자신의 정진은 어떠했는지 돌아오고 또 돌아보아야 할 것이라.

이 더위에 화두가 순일(純一)하지 않았다면 죽음의 고통에 이르러서는 어찌할 것인가! 혹서(酷暑)의 무더위 동안 '이 더위가 지나면 가을에는 열심히 정진하리라'는 생각으로, 미루고 게으른 마음을 가졌다면 그 날이 영원히 오지 않을 수 있습니다.

미루고 미루어서 오늘에 이르렀음에 다시 다음으로 미룬다면 어느 생에 다시 부처님 법을 만나고 심인법(心印法)을 만나서 대오견성(大悟見性)할 것인가!

내일도 기약하기 어려운 것이 인생이고 자연의 이치입니다.

그러니 해제가 되었다고 화두를 내팽개치고 정신없이 돌아다녀서는 아니 되며, 산천에 마음을 빼앗겨 화두를 걸망에 넣어두고 유랑(流浪)을 다녀서도 아니 될 것이라. 가일층(加一層) 분발심을 가지고 정진의 끈을 놓치지 않아야 할 것이라.

화두가 있는 이는 각자 화두를 챙기되, 화두가 없는 이는 '부모에게 나기 전에 어떤 것이 참나인가?' 이 화두를 들고 오매불망 간절히 의심하고 의심해야 함이로다.

• • •

중국의 당나라 시대에 반산 보적(盤山寶積) 선사 밑에 보화(普化) 존자라는 제자가 있었습니다. 보적 선사께서 임종(臨終)에 다다라 마지막 법문을 하시기 위해 상당(上堂)하여 대중에게 이르셨습니다.

"대중은 모두 나의 모습을 그려오너라."

이에 몇백 명 대중이 모두 화상(畵像)을 그려다가 바쳤으나 모두 "아니다."라고 하셨습니다.

마지막으로 당신의 상수(上首)제자인 보화 존자가 빈 손으로 나와서는 말했습니다.

"제가 그려왔습니다."

"그러면 어찌하여 내게 가져오지 않느냐?"

보적 선사께서 물으시자, 보화 존자가 냅다 세 번 곤두박질을 치고는 나가 버렸습니다.

이것을 보시고 보적 선사께서,

"저 녀석이 장차 미친 거동으로 불법(佛法)을 펴나갈 것이다."
라고 말씀하셨습니다.

모습을 그려오라고 했는데 어찌하여 곤두박질을 세 번 하였
을까? 여기에 심오한 뜻이 있습니다. 그러니 곤두박질을 세 번
하는 이것을 보시고서 보적 선사께서 보화 존자의 일생사(一生
事)를 다 점검하셨던 것입니다.

도인의 수기(授記)라는 것은 과거, 현재, 미래를 꿰뚫어 보고
일생사를 평(評)하는 것이므로 아주 무서운 것입니다.

과연, 보화 존자께서는 일생을 머트러운 요사인(了事人) 생활
을 하시면서 시내 복판에서 요령을 흔들고 다니며 법을 펴셨습
니다.

하루는 임제(臨濟) 선사께서 기거하시던 절에 대중공양이 들
어와서 그 근방에 계시는 스님 두 분을 초청했는데, 한 분은 목
탑(木塔) 선사요, 한 분은 하양(河陽) 선사였습니다.

세 분이 함께 공양상을 받고 이야기를 나누며 드시던 중에 우
연히 보화 존자 이야기가 나왔습니다.

"보화가 시내 한복판에서 미치광이 짓을 하는데, 그 자가 범
부(凡夫)인가, 성인(聖人)인가?"

이 말이 채 끝나기도 전에 언제 왔는지 보화 존자께서 방으로
들어오셨습니다.

임제 선사께서 보화 존자를 보고,

"자네가 범부인가, 성인인가?"

하시니, 보화 존자께서 도리어 물으셨습니다.

"자네들이 한번 일러 보게. 내가 범부인가, 성인인가?"

그러자 임제 선사께서 즉시 벽력 같은 '할(喝)'을 하시니, 보화 존자께서는

"목탑은 노파선(老婆禪)이요, 하양은 신부자(新婦子)요, 임제 소시아(小廝兒)는 일척안(一隻眼)을 갖추었다."라고 말씀하셨습니다.

목탑 선사는 "내가 범부냐, 성인이냐?"는 물음에 답을 못하고 멍하게 앉아 있으니, 나이 많은 노보살들이 참선한다고 하면서 힘없이 흉내만 내고 앉아 있는 것에 비유하여 노파선(老婆禪)이라 한 것입니다.

그리고 하양 선사를 신부자(新婦子)라고 한 것은 마치 신부와 같이 얌전에 빠져서 꼼짝을 못 하고 있다는 것입니다.

소시아(小廝兒)라는 말은 심부름하는 아이를 일컫는 것인데, 임제 도인을 심부름하는 아이로 취급하여 그가 진리의 눈을 갖추었다고 한 것입니다.

그러니 임제 선사께서,

"이 도적놈아!"

하시자, 보화 존자께서는

"도적아! 도적아!"

하면서 그만 나가 버리셨습니다.

대중은 알겠는가?

두 도적이 상봉(相逢)하여 왼쪽에서 젓대 불고 오른쪽에서 장단 맞추니, 청아(淸雅)한 소리가 온 우주에 가득함이로다.

보화 존자께서 항상 거리에서 요령을 흔들면서

明頭來明頭打	〈명두래명두타〉
暗頭來暗頭打	〈암두래암두타〉
四方八面來旋風打	〈사방팔면래선풍타〉
虛空裏來連架打	〈허공리래연가타〉

밝은 것이 오면 밝은 것으로 치고

어두운 것이 오면 어두운 것으로 치고

사방팔면에서 오면 회오리바람으로 치고

허공 속에서 오면 도리깨로 친다.

하시면서 밤낮으로 동행(東行)하고 서행(西行)하셨습니다.

임제 선사께서 하루는 시자(侍者)를 불러 이르셨습니다.

"네가 거리에 나가 보화 존자께서 요령을 흔들며 외치실 때,

뒤에서 허리를 꽉 끌어안고서 '그 네 가지가 모두 오지 아니할 때에는 어떻게 하시렵니까?' 하고 여쭈어 보아라."

그래서 시자가 임제 선사께서 시키신 대로 행하며 여쭈니, 보화 존자께서는

"내일 대비원(大悲院)에 재(齋)가 있느니라."라고 말씀하셨습니다.

진리의 눈이 열리면 어떠한 법문을 가져다 물어도 이렇게 척척 응(應)하는 자재(自在)의 수완을 갖추게 되는 법입니다.

대중은 알겠습니까?

산승(山僧)이 만약 당시의 보화 존자였더라면,

시자가 꽉 안고서 "모두가 오지 않을 때는 어떻게 하시렵니까?" 할 때, 이 주장자로 묻는 자를 삼십 방 때렸으리라.

그러고 난 후에 "필경에는 어떠합니까?"라고 물을 것 같으면,

冬至寒食百五日 　　　　　　　　〈동지한식백오일〉

동지와 한식 사이가 백오 일이니라.

또 하루는, 보화 존자와 임제 선사께서 어느 단월(檀越)의 집에서 공양을 받으시게 되었습니다. 공양 중에 임제 선사께서 보화 존자께 물으시기를,

"가는 털이 큰 바다를 머금고 조그마한 겨자씨 속에 수미산(須

彌山)이 들어간다고 하니, 이것이 신통묘용(神通妙用)으로써 그렇게 되는 것인가, 진리 자체가 그러한 것인가?"

하니, 보화 존자께서 냅다 공양상을 뒤엎어 버리셨습니다.

그러자 임제 선사께서 말씀하시기를,

"크게 머트럽구나."

하니, 보화 존자께서 호통을 치셨습니다.

"이 속에 무엇이 있기에 머트럽다거나 세밀하다고 할 것인가?"

그 다음날, 보화·임제 두 분 선사께서 또 공양청(供養請)을 받아 어느 단월가에서 공양하시게 되었습니다.

임제 선사께서,

"오늘 공양이 어찌 어제와 같으리오." 하시니, 보화 존자께서 또 전날과 같이 공양상을 뒤엎으셨습니다.

이것을 보시고 임제 선사께서,

"옳기는 옳지만 크게 머트럽구나!"라고 하시니, 보화 존자께서 또 호통을 치셨습니다.

"이 눈 먼 놈아! 불법(佛法)에 어찌 추세(麤細)를 논할 수 있느냐?"

이에 임제 선사께서는 혓바닥을 쑥 내미셨습니다.

두 분 선사의 거량처(擧揚處)를 알겠는가?

老賊相逢互換機　　　　　〈노적상봉호환기〉
銅頭鐵眼倒三千　　　　　〈동두철안도삼천〉

늙은 도적들이 서로 만나 기틀을 주고 받으니

동두철안이라도 삼천 리 밖에서 거꾸러짐이로다.

보화 존자께서 열반(涅槃)에 다다라, 요령을 흔들며 큰 소리로 이렇게 외치고 다니셨습니다.

"누가 나에게 직철(直綴-곧은 바지)을 만들어 줄 자 없느냐?"

그래서 여러 사람들이 장삼을 지어 드렸는데 존자께서는 받지 않으셨습니다.

사람들이 이 사실을 임제 선사께 말씀드리니, 선사께서는 원주(院主)를 시켜서 관(棺)을 하나 사오게 하셨습니다.

그 때 마침 보화 존자께서 오시므로,

"내가 그대에게 주려고 직철을 하나 준비해 두었네." 하시며 임제 선사께서 보화 존자 앞에 관을 내놓으셨습니다.

"임제가 과연 나의 심정을 아는구나." 하시고 보화 존자께서 곧바로 그것을 짊어지고 시내 사거리로 나가서 큰 소리로 외치고 다니셨습니다.

"임제가 나에게 직철을 만들어 주었으니, 내가 동문(東門)에 가서 열반하리라."

사람들이 그 말을 듣고는 "미친 스님 열반하는 모습 좀 보자."며 다투어 동문으로 몰려가서 기다렸습니다. 종일토록 기다려도 존자께서는 모습을 나타내시지 않더니, 저녁 무렵에야 관을 짊어지고 오셔서 말씀하셨습니다.

"오늘은 일진(日辰)이 나쁘니 내일 남문(南門)에 가서 열반에 들리라."

그 이튿날, 사람들이 다시 남문에 모였는데도 존자께서는 열반에 드시지 않았습니다. 또 그 다음날에 서문(西門)에서 열반하시겠다고 하여 사람들이 몰려갔으나, 그 날도 역시 허탕이었습니다.

그러고는 다음날에 다시 북문(北門)에서 열반하시겠다고 선언하셨지만, 삼 일 동안을 계속 이와 같이 하셨으므로 사람들이 모두 믿지 않았습니다.

그리하여 나흘째 되는 날, 북문에는 아무도 오는 사람이 없었습니다.

보화 존자께서는 아무도 없는 그 곳에서 혼자 스스로 관 속에 들어가서 지나가는 사람에게 관 뚜껑에 못을 쳐달라고 부탁하셨습니다.

그 사람이 못을 쳐서 관을 봉(封)해 드리고는 성내(城內)에 와서 그 사실을 이야기하니, 소문이 삽시간에 번져 사람들이 다투어 북문으로 몰려갔습니다.

보화 존자께서는 이미 열반에 들어 몸뚱이는 관 속에 벗어놓으셨는데, 공중에서는 일생 흔들고 다니셨던 그 요령소리가 은은히 들려왔습니다.

대중은 보화 존자를 알겠습니까?

 지금으로부터 60여 년 전에 대구 동화사(桐華寺)에서 설석우
(薛石友) 선사의 추모재일에, 효봉(曉峰) 선사께서 상당(上堂)하여
대중에게 물음을 던지셨습니다.
 "옛날 보화(普化)는 전신(全身)을 관 속에다 벗어 버리고 허공
중에 요령소리만 남기고 가셨거니와, 이제 보화(普化-석우선사
의 법명)는 어떻게 가셨느냐?"
 이에 당시 동화사 금당(金堂)선원 입승(立繩)을 보던 명허(明虛)
스님이 일어나서 벽력같은 '할(喝)'을 했습니다.
 "억!"
 그러자 효봉 선사께서,
 "그런 쓸데없는 '할' 함부로 하지 마라!"
 하고 호통을 치시니, 명허 스님은
 "제가 '할' 한 뜻도 모르면서 어찌 부인하십니까?" 하였습니다.
 이에 효봉 선사께서,
 "옛날 중국에 흥화 존장(興化存獎) 선사 회상에서 대중들이 동
당(東堂)에서도 '할'을 하고 서당(西堂)에서도 '할'을 해대니, 흥화
선사께서 상당하시어 '만약 대중이 할을 해서 노승(老僧)을 삼십
삼천(三十三天)까지 오르게 하여, 노승이 거기에서 땅에 떨어져
기식(氣息)을 잃었다가 다시 깨어난다 해도, 그 할을 옳지 못하
다고 할 것이다'라고 말씀하셨다."

이렇게 고인(古人)의 말씀을 들면서 '할'을 그만하라 하시고 대중에게 다시 물으셨습니다.

"다시 이를 자 없느냐?"

그래서 산승(山僧)이 일어나 답하기를,

"옛날 보화도 이렇게 가셨고, 이제 보화도 이렇게 가셨습니다." 하니, 효봉 선사께서 만면에 웃음을 띠고

"모름지기 답은 이러해야 한다."라고 말씀하셨습니다.

그러면 필경(畢竟) 일구(一句)는 어떠한가?

萬古徽然何處覓　　　　　　〈만고휘연하처멱〉

月落三更穿市過　　　　　　〈월락삼경천시과〉

만고에 아름다운 것을 어디에서 찾을꼬?

삼경에 달이 지니 저자를 뚫고 지나감이로다.

〔주장자(拄杖子)로 법상(法床)을 한 번 치고 하좌(下座)하시다.〕

남전(南泉) 선사의 원상(圓相)

2018년 무술년 동안거 결제법어

〔상당(上堂)하시어 주장자(拄杖子)를 들어 대중에게 보이시고,〕

綠樹靑山毘盧身	〈녹수청산비로신〉
海上波濤廣長說	〈해상파도광장설〉
若人問我解何宗	〈약인문아해하종〉
金剛般若定慧力	〈금강반야정혜력〉

푸른 나무 푸른 산은 비로자나 전신(全身)이요
바다 위의 파도소리는 모든 부처님의 법문이라.

만약 어떤 사람이 나에게 어떤 종지(宗旨)를 아느냐고 묻는다면

금강반야의 정(定)과 혜(慧)의 힘이라 하리라.

금일은 무술년 삼동구순(三冬九旬)의 안거(安居)를 시작하는 동안거 결제일이라.

결제에 임하는 사부대중들은 이번 안거에는 반드시 대오견성하겠다는 태산 같은 용맹심과 불퇴전(不退轉)의 각오로 매일매일 발심(發心)과 신심(信心)을 새롭게 다져야 할 것이라.

화두참선은 오래 앉아 있는 것이 중요한 것이 아니라, 한 번을 챙겨도 뼈골에 사무치는 간절한 마음으로 화두와 씨름하듯이 화두를 챙기고 의심해야 함이라.

화두와 씨름하라는 것은, 씨름하는 사람이 경기에 임할 때 상대방의 샅바를 잡고 온 정신을 집중하듯이, 간화선 수행자는 화두를 챙기고 의심하고, 또 챙기고 의심하기를 조금도 끊어짐이 없이 해서 번뇌와 망상이 들어올 틈이 없도록 하라는 것입니다.

화두가 있는 이는 각자의 화두를 챙기되, 화두가 없는 이는 '부모에게 나기 전에 어떤 것이 참나인가?' 하고 자나 깨나, 앉으나 서나, 가나 오나, 산책을 하나 일을 하나, 하루에도 천 번 만번 챙기고 의심하여야 함이라.

• • •

중국의 당나라 중기(中期)는 마조(馬祖) 선사와 석두(石頭) 선사, 그리고 혜충(慧忠) 국사 이 세 분 선사께서 선풍(禪風)을 크게 드날리던 때였습니다.

마조 선사의 제자인 남전 선사가 마조 도인께 인가(印可)를 받으신 후, 어느 고암(孤庵)에서 지내면서 시절인연을 기다리던 때였습니다.

고암에서 한가로이 생활하고 계실 때, 하루는 객승(客僧)이 찾아와서 하룻밤 머물기를 청했습니다. 하룻밤을 함께 지내고 아침 공양을 지어 드시고는 남전 선사께서 객승에게 한 가지 부탁을 하셨습니다.

"나는 산등성이 너머에 있는 밭에 가서 일을 하리니, 점심 공양 때가 되거든 스님이 밥을 지어 드시고 나에게도 한 그릇 갖다 주시오."

그러고는 남전 선사께서는 밭에 가서 일을 하고 계셨는데, 점심 공양 시간이 한참 지나도 객스님은 깜깜 무소식이었습니다. 그래서 남전 선사께서 암자로 돌아와 보니, 그 객승이 암자 안에 있는 살림살이를 모조리 부숴 놓고는 평상(平床)에 태연히 누워 있었습니다.

남전 선사께서 그 광경을 보고 객승이 누워 있는 평상으로 가서 나란히 누우시자, 객승은 벌떡 일어나서 그만 가버렸습니다. 여기에 불법(佛法)의 고준한 안목(眼目)이 있음이라.

남전 선사께서 후에 출세(出世)하여 대중에게,

　"내가 암자에서 살 때에 어떤 영리한 객승이 한 분 왔었는데, 오늘에 이르도록 그 객승과 같은 사람을 만나지 못했다." 하고 그 객승을 두고 크게 칭찬하셨습니다.

　시회대중(時會大衆)이여!

　암자 안의 살림살이를 다 부숴버리고는 평상에 누워 있다가, 남전 선사께서 옆에 와 누우시니 벌떡 일어나서 가버린 그 객승의 용심처(用心處)를 알겠습니까?

　〔대중이 아무 말 없자 스스로 이르시기를, 〕

　"불조(佛祖)와 더불어 동행하는 안목을 갖추었음이로다."

　남전 선사께서 살림살이가 다 부서져 있는 광경을 보시고, 객승이 누워 있는 평상에 가서 나란히 누우셨던 뜻을 알겠습니까?

　〔대중이 아무 말 없자 스스로 이르시기를, 〕

　"구름이 허공 가운데 일어났다가 멸하는 것을 스스로 관찰하는 눈을 갖추셨도다."

하루는 마조 선사의 제자들인 남전(南泉) 선사, 귀종(歸宗) 선사, 마곡(麻谷) 선사, 세 분이 남양 혜충(南陽慧忠) 국사를 친견하기 위하여 길을 나섰습니다. 며칠을 걸어가다가, 남전 선사께서 길바닥에 커다란 원상(圓相)을 하나 그려놓고 말씀하셨습니다.

"그대들이 이 원상에 대해서 한마디씩 분명히 이를 것 같으면 혜충 국사를 친견하러 가겠거니와, 바로 이르지 못할 것 같으면 친견하러 갈 수 없네."

이에 마곡 선사는 그 원상 안에 주저앉으셨고, 귀종 선사는 원상을 향해 여자 절[女人拜]을 한 자리 나부시 하셨습니다.

그 광경을 지켜보던 남전 선사께서 말씀하셨습니다.

"그대들이 그렇게 이른다면 국사를 친견하러 갈 수 없네. 도로 돌아가세."

그러자 이 말 끝에 귀종 선사께서,

"이 무슨 심보를 행하는고?" 하고 한마디 던지셨습니다.

참으로 귀종 선사는 불조(佛祖)를 능가하는 안목이 있음이라. 알겠습니까?

선지식은 이러한 차별삼매(差別三昧)를 바로 보는 명철(明徹)한 지혜의 눈을 갖추었는지 그 진위(眞僞)를 점검하는 분입니다.

세상 사람들은 다 속일 수 있다 하더라도 불법정안(佛法正眼)을 갖춘 선지식은 속이려고 해도 속일 수가 없습니다. 선지식은 그 낙처(落處)를 먼저 알고 있기 때문입니다.

150

그러므로 입을 여는 순간에 바로 그 진위를 척척 가려내지 못한다면, 아직 정안(正眼)을 갖추지 못한 참학도중인(參學途中人)인 것이니, 마땅히 다시 참구해야 옳음이라.

그러면 남전 선사께서 귀종 선사와 마곡 선사의 답처(答處)를 보시고 혜충 국사를 친견하러 갈 수 없다고 하셨는데, 시회대중(時會大衆)은 남전 선사를 알겠습니까?

〔 대중이 아무 말 없자 스스로 이르시기를, 〕

"백주 대낮에 도적질을 하다가 도적의 몸이 드러나 간파(看破)당함이로다."

세 분의 도인들이 한가하게 사는 세계를 알겠습니까?

〔 대중이 아무 말 없자 스스로 이르시기를, 〕

相喚相呼歸去來　　　〈상환상호귀거래〉
不覺露濕全身衣　　　〈불각로습전신의〉
서로 부르고 부르며 오고 가다가
전신이 이슬에 젖음을 깨닫지 못함이로다.

〔 주장자(拄杖子)로 법상(法床)을 한 번 치고 하좌(下座)하시다. 〕

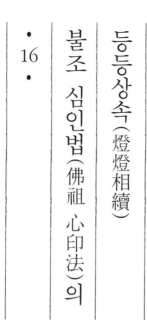

등등상속(燈燈相續)

불조 심인법(佛祖 心印法)의

• 16 •

2019년 기해년 하안거 결제법어

〔 상당(上堂)하시어 주장자(拄杖子)를 들어 대중에게 보이시고, 〕

若論此事	〈약론차사〉
千聖靈機不易親	〈천성영기불이친〉
龍生龍子莫因循	〈용생용자막인순〉
眞際奪得連城璧	〈진제탈득연성벽〉
秦主相如摠喪身	〈진주상여총상신〉

이 일을 논할 진댄

일천 성인의 신령한 기틀도 쉽게 친하지 못한지라.

용이 용새끼를 낳아서 따른다고 이르지 말라.

진제가 연성의 보배구슬을 빼앗아 가지니

진나라 임금과 상여가 다 생명을 잃음이로다.

금일(今日)은 기해년 하안거 결제일이라. 사부대중이 여름과 겨울에 이렇게 모여서 결제 수행하는 것은 세계에서 유일하게 한국에서만 이루어지는 훌륭한 전통입니다.

그러면 대중이 이렇게 함께 모여서 수행하는 까닭은 어디에 있느냐?

부처님께서 천이백 대중을 모아놓고 물으시기를,

"대중이 얼마나 공부를 시켜주느냐?" 하니, 아난 존자가 일어나서 말씀드렸습니다.

"대중이 반을 시켜줍니다."

그러자 부처님께서,

"네가 잘 알지 못했다. 대중이 전체를 시켜주느니라."

라고 말씀하셨습니다.

대중의 힘이라는 것은 위대합니다. 게으름이 용납될 수 없는 것입니다. 그리고 여러 대중이 모여서 공부를 하게 되면, 그 가운데는 용맹심(勇猛心)과 신심(信心)을 내어 애쓰고 애쓰는 이나,

화두일념삼매에 들어 시간 가는 줄도 모르고 참구하는 이들이 더러 있습니다. 이러한 이들을 보고 각자가 자신을 반추(反芻)하여, 다시금 신심(信心)을 내고 발심(發心)을 해서 공부를 다져나갈 수가 있습니다. 그렇기 때문에 부처님께서도 대중이 공부를 전체 다 시켜준다고 하셨던 것입니다.

결제에 임하는 사부대중은 결제가 갖는 의미를 다시금 깊이 생각하여, 금번 결제에는 반드시 대오견성하겠다는 용맹심을 가지고 적극적으로 주체적으로 결제에 임해야 할 것입니다.

화두가 있는 이는 각자의 화두를 챙기되, 화두가 없는 이는 '부모에게 나기 전에 어떤 것이 참나인가?' 하고 이 화두를 자나 깨나, 앉으나 서나, 가나 오나, 밥을 먹으나 산책을 하나 일상생활하는 가운데 챙기고 의심해야 합니다.

그리하다 보면 문득 참의심이 발동하여 보는 것도 잊고 듣는 것도 잊고 일념삼매에 푹 빠져 있다가, 보는 찰나 듣는 찰나에 화두가 박살이 나고 마음의 고향에 이르게 됩니다.

• • •

석가모니 부처님께서 2,600년 전 설산(雪山)에서 6년의 용맹정진 끝에 일념삼매에 들어 납월(臘月) 팔일(八日) 새벽 별을 보고 대오견성하셨음이라. 그 후에 대중들에게 49년간 가지가지의 방편법문을 하셨습니다.

그 중 대중에게 세 번 특별한 법문을 하신 것을 삼처전심(三處

傳心)이라 합니다.

한 번은 인천(人天) 백만 대중이 법문을 듣기 위해 좌정(坐定)하고 있을 때, 제석천왕(帝釋天王)이 부처님께 우담바라 꽃을 올리니 부처님께서 그 꽃을 받아서 아무 말 없이 대중에게 보이심에 오직 가섭 존자만이 빙그레 웃으셨습니다.

또 한 번은, 법회일에 모든 대중이 법문을 듣기 위해서 운집해 있었는데 맨 마지막으로 가섭 존자가 들어오니, 부처님께서 법문을 설하시기 위해서 법상(法床)에 좌정해 계시다가 자리의 반을 비켜 앉으셨습니다.
가섭 존자가 부처님의 그 뜻을 알고는 선뜻 그 자리에 가서 앉으니, 부처님께서 가사를 같이 두르시고 대중에게 말 없이 보이셨습니다.

그리고, 부처님께서 열반에 드신 지 일주일 후에, 교화(教化)를 위해 수백 리 밖의 타방(他方)에 가 있던 가섭 존자가 돌아와 부처님의 시신을 향하여 위요삼잡(圍繞三匝)하고 합장 예배를 올리며,
"삼계(三界)의 대도사(大導師), 사생(四生)의 자부(慈父)시여!
우리에게 항상 법문하시기를, '생노병사가 원래 없다.' 하시더니, 이렇게 가신 것은 모든 사람들을 기만(欺瞞)하는 것이 아닙

156

니까?"

하니, 칠 푼 두께의 금관 속에서 두 발이 쑥 나왔습니다.

이에 가섭 존자가 다시 합장 예배를 올리니, 두 발은 관 속으로 들어갔습니다. 그러더니 관(棺)이 그대로 중천(中天)에 떠올랐는데 이 때, 지혜삼매의 불이 일어나 허공중에서 화장(火葬)되어 팔곡사두(八斛四斗)의 사리가 나왔습니다.

이렇듯 당시에 수많은 제자들이 있었지만 오직 가섭 존자만이 부처님의 깨달은 진리를 알았기에, 석가모니 부처님께서
"나에게 정법안장(正法眼藏)이 있는데 마하 가섭에게 전해 주노라."
하시어 가섭 존자에게 견성심인법(見性心印法)을 인가(認可)하여 전하셨습니다.

이 삼처전심의 법문을 알아야만 부처님의 살림살이를 아는 것이고, 만 중생을 지도함에 있어서 눈을 멀게 하지 않는 것입니다.

부처님을 일생 따라다니면서 모셨던 아난 존자는 부처님의 십대제자 중에서 다문제일(多聞第一)의 제자였는데, 부처님께서 열반에 드신 후에 가섭 존자에게 가서 물었습니다.
"부처님께서 열반하시기 전에 가사와 발우를 신표(信標)로 전

했는데, 그 외에 따로 전하신 법이 있습니까?"

이에 가섭 존자가 "아난아!" 하고 부르자, 아난이 "예." 하고 대답하니,

"문전의 찰간(刹竿)을 거꾸러뜨려라." 하고 가섭 존자가 한 마디 던졌습니다.

그러나 아난 존자는 그 말을 알아듣지 못했습니다.

그래서 졸다가는 떨어져 죽게 되는 아주 높은 바위 위에 올라가 3·7일간 용맹정진하여 그 도리를 깨달아서 가섭 존자의 법을 이어 받았습니다.

그 법이 제3조인 상나화수 존자에 전해지고 등등상속(燈燈相續)하여 제28조 달마 조사에 이르게 되었습니다.

달마 조사는 인도에서의 인연이 다함을 아시고 중국으로 건너와 숭산의 소림굴에서 9년간 면벽을 하면서 시절인연을 기다렸다가 비로소 법을 전해줄 큰 그릇을 하나 만났는데, 그 분이 바로 혜가(慧可) 스님입니다.

달마 대사께서 하루는 제자들을 모아놓고 이르셨습니다.

"너희들이 이제까지 정진하여 증득(證得)한 바를 각자 말해 보아라."

그러자 도부(道副) 스님이 일어나서 말씀드리기를,

"제가 보는 바로는, 문자에도 국집(局執)하지 않고 문자를 여의지도 아니하는 것으로 도(道)의 용(用)을 삼아야겠습니다." 하

158

니, 달마 대사께서

"너는 나의 가죽을 얻었다."라고 점검하셨습니다.

다음에 총지(總持)라는 비구니가 말씀드렸습니다.

"제가 아는 바로는, 경희(慶喜)가 아촉불국(阿閦佛國)을 한 번 보고는 다시 보려고 한 바가 없는 것과 같습니다."

"너는 나의 살을 얻었다."

또, 도육(道育) 스님은,

"이 몸뚱이는 본래 공(空)한 것이고 오음(五陰)이 본래 있지 아니하니, 한 법도 마음에 둘 것이 없습니다." 하니, 대사께서

"너는 나의 뼈를 얻었다."라고 점검하셨습니다.

마지막으로 혜가(慧可) 스님이 나와서 아무 말 없이 예(禮) 삼배를 올리고 제자리로 돌아갔습니다.

그러자 달마 대사께서

"너는 나의 골수(骨髓)를 얻었다." 하시고, 석가모니 부처님으로부터 면면히 전해 내려오는 심인법(心印法)을 혜가 스님에게 부촉(付囑)하시니 이조(二祖) 혜가가 되었습니다.

달마 조사는 "내가 동토(東土)에 와서 법을 전함으로 미혹됨을 풀어 주매, 마치 한 송이 연꽃에서 다섯 잎이 생기듯이 결과가 자연히 이루어지리라."라고 일화오엽(一花五葉)을 수기(授記)하셨습니다.

육조(六祖)인 혜능 선사는 출가 전에 나무꾼으로 시장에서 탁

발승이 금강경을 독송하는 것을 듣고 홀연히 깨달았습니다.

그 후 황매산의 오조(五祖) 홍인(弘忍) 대사 회상을 찾아가 방앗간에서 행자생활을 하였습니다. 속성이 노(盧)씨이므로 '노 행자(盧行者)'로 불렸습니다.

하루는 오조 대사께서 대중에게 이렇게 공포하였습니다.

"모두 공부한 바 소견(所見)을 글로 지어 바쳐라. 만약 진리에 계합(契合)하는 자가 있을 것 같으면 법(法)을 전해서 육대조(六代祖)로 봉(封)하리라."

그러니 신수(神秀) 상좌가 게송을 지어 벽에 붙여 놓았습니다.

오조께서 그것을 보시고,

"이 게송대로 닦으면 악도(惡道)에 떨어지지 않고 큰 이익이 있으리라." 하시며 향을 피워 예배하게 하고 모두 외우라고 하셨습니다.

그래서 온 대중이 신수 상좌를 칭찬하며 그 게송을 외웠는데, 마침 한 사미승이 그 게송을 외우면서 노 행자가 방아를 찧고 있던 방앗간 앞을 지나갔습니다.

노 행자가 그 게송을 들어 보고는, 그것이 견성(見性)한 사람의 글이 아님을 알고 사미승에게 부탁하기를, "나에게도 한 게송이 있는데, 나는 글자를 모르니 나를 위해서 대신 좀 적어다오." 하고 게송을 읊었습니다.

菩提本無樹   〈보리본무수〉

明鏡亦非臺   〈명경역비대〉

本來無一物   〈본래무일물〉

何處惹塵埃   〈하처야진애〉

보리는 본래 나무가 아니요

밝은 거울 또한 대가 아닐세.

본래 한 물건도 없거늘

어느 곳에 티끌이 있으리오.

이 게송이 신수 상좌 글 옆에 붙으니 대중이 모두 놀라 서로
들 웅성거렸습니다. 밖이 소란스럽자 오조 대사께서 나와 그 게
송을 보시게 되었습니다. 보시니 그것은 진리의 눈이 열린 이의
글이라, 대중이 시기하여 해칠 것을 염려하여 손수 신짝으로 지
워 버리면서 말씀하셨습니다.

"이것도 견성한 이의 글이 아니다."

다음날, 오조 대사께서 가만히 방앗간에 찾아가서 방아를 찧
고 있는 노 행자에게 물었습니다.

"방아를 다 찧었느냐?"

"방아는 다 찧었는데 택미(擇米)를 못했습니다."

이에 오조 대사께서 방앗대를 세 번 치고 돌아가셨는데, 노
행자가 그 뜻을 알아차리고 대중이 다 잠든 삼경(三更)에 조실방
으로 갔습니다.

오조 대사께서는 불빛이 밖으로 새어나가지 못하도록 가사(袈裟)로 방문을 두르시고 금강경을 쭉 설해 내려가시는데, '응당 머무는 바 없이 마음을 낼지어다.[應無所住 而生其心]' 하는 구절에 이르러서, 노 행자가 다시 크게 깨달았습니다. 그리하여 오조 대사께 말씀드리기를,

何期自性 本自淸淨 　　〈하기자성 본자청정〉
何期自性 本不生滅 　　〈하기자성 본불생멸〉
何期自性 本自具足 　　〈하기자성 본자구족〉
何期自性 本無動搖 　　〈하기자성 본무동요〉
何期自性 能生萬法 　　〈하기자성 능생만법〉
어찌 제 성품이 본래 청정함을 알았으리까
어찌 제 성품이 본래 나고 죽지 않음을 알았으리까
어찌 제 성품이 본래 구족함을 알았으리까
어찌 제 성품이 본래 흔들림 없음을 알았으리까
어찌 제 성품이 능히 만법을 냄을 알았으리까

하니, 오조께서 노 행자가 크게 깨달았음을 아시고 법(法)을 전하시니, 이 분이 바로 육조 혜능 선사입니다. 혜능 선사에 이르러 중국 선종인 향상사(向上事), 향하사(向下事)가 전개되었습니다.

달마조사로부터 전해진 그 심인선법(心印禪法)이 홑[單]으로

전해지다가 육조 혜능 선사에 이르러서는 그 문하(門下)에서 크게 흥성하여 많은 도인(道人) 제자들이 배출되어 천하를 덮었습니다.

그 가운데 으뜸가는 진리의 기봉(機鋒)을 갖춘 분이 남악 회양(南嶽懷襄) 선사와 청원 행사(靑原行思) 선사입니다.

이후 청원 행사, 남악 회양 두 분 선사의 계파(系派)를 좇아서 선가(禪家)의 오종(五宗)이 벌어졌습니다. 오늘날 우리나라와 중국과 일본에서 종풍(宗風)을 떨치고 있는 선법(禪法)은, 육조 혜능 선사의 이 두 상수(上首)제자의 법(法)이 면면히 이어져 내려온 것입니다.

하루는 남악 회양 스님이 육조 선사를 친견하니,

"그대는 어디서 오는고?" 하고 물으셨습니다.

"숭산(崇山)에서 옵니다."

"어떤 물건이 이렇게 오는고?" 하는 물음에 답을 못하고 돌아가서는 6년간 용맹정진 후에 답을 알아 와서 말했습니다.

"설사 한 물건이라고 해도 맞지 않습니다."

"그러면 닦아 증득하는 법은 어떻게 생각하느냐?"

"닦아서 얻음은 없지 아니하나 더러운 데 물드는 일은 없습니다."

"더러운 데 물들지 아니함은 모든 부처님의 살림살이이다. 너도 그러하고 나도 또한 그러하니 잘 두호(斗護)하라."

진리의 눈이 열리면 이렇게 쉽습니다. 묻고 답하는 데 두미(頭尾)가 이렇게 척척 맞게 되어 있는 법입니다.

또 청원 행사 스님이 육조 선사를 처음 참예(參詣)하여 예(禮) 삼배를 올리고 여쭙기를,

"어떻게 해야 계급(階級)에 떨어지지 않습니까?" 하니, 육조 선사께서 도리어 물으셨습니다.

"그대는 무엇을 닦아 익혀왔는고?"

"성인(聖人)의 법(法)도 행하지 않았습니다."

"그러면 그대는 어떠한 계급에 떨어졌던고?"

"성인의 법도 오히려 행하지 않았거늘, 어찌 계급이 있겠습니까?"

그래서 육조 선사께서 매우 흡족히 여기시고 행사 스님을 제자로 봉(封)하셨던 것입니다.

육조 선사께서 이렇게 인증하셔서, 형과 아우를 가리기 어려울 만큼 훌륭한 안목을 갖춘 이 두 제자를 상수제자로 두게 되었습니다.

청원 행사 스님은 향상일로(向上一路) 진리의 체성(體性)을 전하셨고, 남악 회양 스님은 향하(向下) 대용(大用)의 법을 전하셨습니다. 이 진리 자체에는 체(體)와 용(用)이 본시 둘이 아니어서, 체가 용이 되기도 하고 용이 체가 되기도 하여 둘이 항상 일체입니다. 그래서 구경법(究竟法)을 깨달아 향상(向上)의 진리를 알게

되면 향하(向下)의 진리도 알게 되고, 향하의 진리를 알면 향상의 진리도 알게 되는 것입니다.

그러므로 이것은 둘이 아니면서 이름이 둘입니다.

이후에 청원 행사 선사의 문하에서는 조동종(曹洞宗), 법안종(法眼宗), 운문종(雲門宗)이 벌어지고, 남악 회양 선사 문하에서는 임제종(臨濟宗)과 위앙종(潙仰宗)이 벌어져 선가오종(禪家五宗)을 형성하며 중국 천하를 풍미(風靡)했던 것입니다.

행사 선사 밑으로 덕산(德山) 선사로 쭉 이어져 내려왔고, 회양 선사 밑으로 임제(臨濟) 선사로 이어져 내려왔으니, 임제의 '할(喝)'과 덕산의 '방[棒]'은 육조 문하 양대 아손(兒孫)의 가풍입니다.

우리나라의 고려 말엽, 불법(佛法)이 쇠퇴일로를 걷고 있을 당시에 태고 보우(太古普愚) 스님이 각고정진(刻苦精進) 끝에 선지(禪旨)를 깨달았습니다.

우리나라에도 부처님의 정법정안(正法正眼)을 전수받아 와서, 바른 진리의 법을 펴야겠다는 큰 원(願)을 세우고, 중국의 원나라에 들어가서 제방(諸方) 선지식들을 참방(參訪)하셨습니다.

하루는 제56조 법손인 석옥 청공(石屋淸珙) 선사를 참방하여 예배하고 말씀드렸습니다.

"고려국에서 스님의 높으신 법을 배우러 왔습니다."

그러자 청공 선사께서 물음을 던지시기를,

"우두 법융(牛頭法融) 스님이 사조 도신(四祖道信) 선사를 친견하기 전에는, 어찌하여 천녀(天女)들이 공양을 지어 올리고 온갖 새들이 꽃을 물어왔는고?" 하니, 태고 보우 스님이

"부귀(富貴)는 만인이 부러워합니다."라고 답했습니다.

"그렇다면 우두 스님이 사조 선사를 친견한 후로는, 어찌하여 천녀들이 공양을 올리지도 않고, 새들도 꽃을 물어오지 아니했는고?"

"청빈(淸貧)함은 모든 분들에게 소외되기 쉽습니다."

그러자 청공 선사께서 두 번째 물음을 던지셨습니다.

"공겁(空劫) 전에 태고(太古)가 있었는가?"

우주의 모든 세계가 벌어지기 전이 공겁인데, 그 공겁 전에도 그대가 있었는가 하고 물으신 것입니다.

"공겁의 세계가 태고로 좇아 이루어졌습니다."

이에 청공 선사께서 주장자를 건네주시며 말씀하셨습니다.

"내가 일생토록 이 주장자를 써도 다 쓰지 못한 고로, 이제 그대에게 부치노니 잘 받아 가져서 광도중생하기 바라노라."

이렇게 태고 보우 스님이 부처님의 정법정안을 부촉받으니 제57조 법손이 되어서 그 법맥이 우리나라에 전해졌습니다.

그 후 조선에서도 끊어지지 않고 면면히 이어져서, 조선 중기의 제63조 청허 휴정 선사로 이어지고, 그 법이 편양 언기 선

사로 이어진 후, 조선 후기까지 풍전등화(風前燈火)로 그 법맥이 이어져 왔습니다.

　근세인 조선말에 제 75조 경허(鏡虛) 선사에 이르러 선풍(禪風)을 크게 중흥하여 상수제자인 혜월 혜명(慧月慧明) 스님에게로 법(法)을 전했습니다.

　혜명 스님은 동진(童眞)으로 출가하여 경허 선사로부터 화두를 타서 3년간 불철주야 정진했습니다. 어느 날, 짚신 한 켤레를 다 삼아놓고서 잘 고르기 위해 신골을 치는데, '탁' 하는 소리에 화두가 타파되었습니다.

　그길로 경허 선사를 찾아가니, 경허 선사께서 물음을 던지셨습니다.

　"눈앞에 홀로 밝은 한 물건이 무엇인고?"

　이에 혜명 스님이 동쪽에서 몇 걸음 걸어서 서쪽에 가서 서니, 경허 선사께서 다시 물으셨습니다.

　"어떠한 것이 혜명(慧明)인가?"

　"저만 알지 못할 뿐만 아니라 일천 성인도 알지 못합니다."

　이에 경허 선사께서 "옳고, 옳다!" 하시며 인가하시고 '혜월(慧月)'이란 법호와 함께 상수제자로 봉하시고 전법게를 내리셨습니다.

　혜월 선사께서는 남방으로 내려와서 천진도인으로 선풍을

드날리시고 운봉 성수(雲峰性粹) 선사에게 그 법을 전해주었습니다.

성수 스님은 출가하여 경전과 율장을 모두 섭렵하였지만 마음에서 흡족함을 얻지 못하였습니다. 이에 남방의 위대한 선지식이신 혜월 선사를 찾아가서 10년 동안 열심히 참구하였지만 화두순일(話頭純一)을 이루지 못하였습니다.

그래서 오대산 적멸보궁에서 백일기도를 올리며, '화두일념이 현전하고 견성대오하여 종풍(宗風)을 드날려 광도중생하여지이다' 하며 지극한 마음으로 발원기도를 드렸습니다.

백일기도를 회향하고 백양사 운문암에서 불철주야 정진한 끝에 타성일편(打成一片)을 이루어, 어느 날 새벽 선방문을 열고 나오는데 온 산하대지가 달빛으로 환하게 밝은 것을 보고 활연대오(豁然大悟)하였습니다.

이에 다음과 같은 오도송을 읊으셨습니다.

出門驀然寒徹骨   〈출문맥연한철골〉
豁然消却胸滯物   〈활연소각흉체물〉
霜風月夜客散後   〈상풍월야객산후〉
彩樓獨在空山水   〈채루독재공산수〉

문을 열고 나서자 갑작스레 찬 기운이 뼈골에 사무침에
가슴 속에 막혔던 물건 활연히 사라져 버렸네.
서릿바람 날리는 밤에 객들은 다 돌아갔는데

단청누각은 홀로 섰고 빈 산에는 흐르는 물소리만 요란하더라.

그 당시 부산 선암사에 계시던 혜월 선사를 참예하여 여쭈었습니다.

"삼세제불과 역대조사는 어느 곳에서 안신입명(安身立命)하고 계십니까?"

이에 혜월 선사께서 말없이 앉아 보이시므로, 스님이 냅다 한 대 치면서 또 여쭈었습니다.

"산 용이 어찌 죽은 물에 잠겨 있습니까?"

"그러면 너는 어찌 하겠느냐?" 하시는 물음에, 성수 스님이 문득 불자(拂子)를 들어 보이니, 혜월 선사께서는 "아니다!" 하셨습니다.

이에 스님이 다시 응수를 하셨습니다.

"스님, 기러기가 창문 앞을 날아간 지 이미 오래입니다."

혜월 선사께서 크게 한바탕 웃으시며 다음과 같이 말씀하시며 흡족해 하셨습니다.

"내 너를 속일 수가 없구나!"

그리하여 을축년에 '운봉(雲峰)'이라는 법호와 함께 상수제자로 봉하시고 전법게를 내리셨습니다.

운봉 선사께서는 이후에도 제방의 선원을 다니면서 후학을 지도하여 선풍을 크게 드날리시고 그 법이 향곡(香谷) 선사에게로 전해졌습니다.

향곡 혜림(香谷蕙林) 선사는 16세 때 스님이었던 형님을 만나러 어머니와 함께 운봉 선사께서 조실로 계시는 천성산 내원사에 가게 되었습니다.

그 때 많은 스님들이 모여서 참선하는 광경을 보고는 모친만 집으로 되돌아가시게 하고 행자 생활을 하며 운봉 선사로부터 화두를 타서 공양주를 2년간 하면서 정진하였습니다.

그러던 어느 봄날에 산골짜기에서 바람이 불어와 열어놓은 문이 왈카닥 닫히는 소리에 마음의 경계가 있어 운봉 선사를 찾아갔습니다. 조실방을 들어서는 그 모습이 당당하니 선사께서 이미 가늠하시고 목침을 내밀어 놓고 말씀하셨습니다.

"한 마디 일러라!"

이에 행자가 즉시에 목침을 발로 차버리니, 선사께서 말씀하시기를,

"다시 일러라." 하셨습니다.

"천언만어(千言萬語)가 다 몽중설몽(夢中說夢)이라. 모든 불조(佛祖)가 나를 속였습니다."

이에 운봉 선사께서 크게 기뻐하셨습니다.

신사년 8월에 '향곡(香谷)'이란 법호와 함께 상수제자로 봉하시고 전법게를 내리셨습니다.

그리하여 임제정맥의 법등을 상속 부촉하여 가시니, 즉 임제, 양기, 밀암, 석옥, 태고, 휴정, 환성, 율봉, 경허의 적전(嫡傳)인 것입니다.

그 후 정해년 문경 봉암사에서 도반들과 정진하던 중,

| 殺盡死人方見活人 | 〈살진사인방견활인〉 |
| 活盡死人方見死人 | 〈활진사인방견사인〉 |

죽은 사람을 죽여 다하여야만 산 사람을 보고

죽은 사람을 살려 다하여야만 비로소 죽은 사람을 보게 될 것이다

이 게송을 들어 "일러보라." 하는 한 도반의 말에 삼칠일 동안 침식(寢食)을 잊고 일념삼매에 들었다가 자신의 양손이 흔들리는 것을 보고 홀연히 활연대오하시고 게송을 읊으셨습니다.

忽見兩手全體活	〈홀견양수전체활〉
三世佛祖眼中花	〈삼세불조안중화〉
千經萬論是何物	〈천경만론시하물〉
從此佛祖總喪身	〈종차불조총상신〉
鳳巖一笑千古喜	〈봉암일소천고희〉
曦陽數曲萬劫閑	〈희양수곡만겁한〉
來年更有一輪月	〈내년갱유일륜월〉

金風吹處鶴唳新 　　　　〈금풍취처학려신〉

홀연히 두 손을 보니 전체가 드러났네.

삼세제불도 눈[眼] 속의 꽃이로다.

천경만론은 이 무슨 물건인가.

이로 좇아 불조가 모두 몸을 잃어버렸도다.

봉암사에 한 번 웃음은 천고의 기쁨이요,

희양산 굽이굽이 만겁에 한가롭도다.

내년에 다시 한 수레바퀴 밝은 달이 있어서

금풍(金風-가을바람)이 부는 곳에 학의 울음 새롭구나.

　이로써 우리나라에서도 당송(唐末) 시대 조사스님들의 향상구(向上句)를 제창하게 되었습니다. 이후로는 천하 노화상(老和尙)의 혀끝에 속임을 입지 않고 임운등등(任運騰騰), 등등임운(騰騰任運) 제방에서 대사자후를 하며 후학을 지도하시어 선풍을 크게 드날리셨습니다.

　산승은 향곡 선사 회상에서 '향엄상수화(香嚴上樹話)' 화두를 받아 산문을 나서지 않고 정진하였습니다. 이 화두를 들고 2년여 동안 신고(辛苦)하였는데, 28세 되던 가을 새벽에 예불 드리러 올라가다가 마당의 돌부리에 걸려 넘어져 일어나는 차제에 '향엄상수화' 화두관문을 뚫어내니, 비로소 동문서답하던 종전의 미(迷)함이 걷혀지고 진리의 세계에 문답의 길이 열리게 되었습

172

니다. 그리하여 향곡 선사께 오도송(悟道頌)을 지어 올렸습니다.

這箇拄杖幾人會   〈자개주장기인회〉

三世諸佛總不識   〈삼세제불총불식〉

一條拄杖化金龍   〈일조주장화금룡〉

應化無邊任自在   〈응화무변임자재〉

이 주장자 이 진리를 몇 사람이나 알꼬?

삼세의 모든 부처님도 다 알지 못하누나.

한 막대기 주장자가 문득 금룡으로 화해서

한량없는 조화를 자유자재 하는구나.

이에 향곡 선사께서 앞 구절은 묻지 아니하고 뒷 구절을 들어서 물음을 던지셨습니다.

"용이 홀연히 금시조를 만난다면, 너는 어떻게 하겠느냐?"

산승이 답하기를,

"당황하여 몸을 움츠리고 세 걸음 물러가겠습니다.[굴절당흉퇴신삼보(屈節當胸退身三步)]" 하니, 향곡 선사께서 "옳고, 옳다." 하시며 크게 기뻐하셨습니다.

그러나 다른 모든 공안에는 걸림 없이 해결되었는데 오직 '일면불 월면불(一面佛月面佛)' 공안에만 다시 막혔습니다. 그래서 또 다시 5년여 동안 전력을 쏟아 참구함으로써 해결되어 오도송을 읊었습니다.

一棒打倒毘盧頂　　　　　〈일봉타도비로정〉
一喝抹却千萬則　　　　　〈일할말각천만측〉
二間茅庵伸脚臥　　　　　〈이간모암신각와〉
海上淸風萬古新　　　　　〈해상청풍만고신〉

한 몽둥이 휘두르니 비로정상 무너지고
벽력같은 일 할에 천만 갈등 흔적 없네.
두 칸 토굴에 다리 펴고 누웠으니
바다 위 맑은 바람 만년토록 새롭도다.

그 후 산승이 33세이던 정미년 하안거 해제 법회일에 묘관음
사 법당에서 향곡 선사와 법거량이 있었습니다.

향곡 선사께서 법상에 올라 묵묵히 앉아계시는 차에 산승이
나가 여쭈었습니다.

"불조(佛祖)께서 아신 곳은 여쭙지 아니하거니와, 불조께서 아
시지 못한 곳을 선사님께서 일러 주십시오."

"구구는 팔십일이니라."

"그것은 불조께서 다 아신 곳입니다."

"육육은 삼십육이니라."

이에 산승이 선사께 예배드리고 물러가니, 향곡 선사께서는

174

아무 말 없이 자리에서 내려와 조실방으로 가셨습니다.

다음 날 선사님을 찾아가서 다시 여쭈었습니다.

"부처의 눈과 지혜의 눈은 여쭙지 아니하거니와, 어떤 것이 납승(衲僧)의 안목입니까?"

"비구니 노릇은 원래 여자가 하는 것이니라.[사고원래여인주(師姑元來女人做)]"

"오늘에야 비로소 선사님을 친견하였습니다."

이에 향곡 선사께서 물으셨습니다.

"네가 어느 곳에서 나를 보았느냐?"

"관(關)!"

산승이 이렇게 답하자,

향곡 선사께서 "옳고, 옳다." 하시며, 임제정맥의 법등(法燈)을 부촉하시고 '진제(眞際)'라는 법호와 함께 전법게(傳法偈)를 내리셨습니다.

석가모니 부처님이 깨달으신 그 법이 등등상속(燈燈相續)하여 산승에 이르게 되어 부처님 심인법 제 79세 법손이 된 것입니다.

향곡 선사께서는 열반하시기 나흘 전까지 제방(諸方)의 조실 스님들을 찾아다니며 '임제탁발화(臨濟托鉢話)' 법문을 물으니 시원한 답이 없었습니다.

그래서 제방을 돌아보신 뒤 마지막으로 해운정사에 오셨습니다.

마침 산승이 마당에서 포행하고 있을 때였는데, 인사를 올리니 향곡 선사께서 선 채로 즉시 '임제탁발화'를 물으셨습니다.

'임제탁발화'는 '덕산탁발화'와 더불어 유명한 공안(公案) 중의 하나입니다. 역대의 선지식들이 이 법문에 대해서 평(評)을 해 놓은 분이 없었습니다.

하루는 임제 선사께서 발우를 들고 탁발을 나가셨습니다. 어느 집 앞에 가서 대문을 두드리니 노파(老婆)가 문을 열고 나왔습니다. 탁발 나온 임제 선사를 보더니 노파가 대뜸 이렇게 말했습니다.

"염치없는 스님이로구나."

그 말을 들은 임제 선사께서 말했습니다.

"어째서 한 푼도 시주하지 않고 염치없는 스님이라 하는가?"

임제 선사의 물음에는 대답도 하지 않고 노파는 대문을 왈칵 닫고는 집안으로 들어가 버렸습니다.

이에 임제 선사께서는 아무 말 없이 절로 돌아오셨습니다.

향곡 선사께서 '임제탁발화'를 들어 물으시기에 산승이 즉시 답을 올렸습니다.

三十年來弄馬騎 〈삼십년래농마기〉

今日却被驢子搏 〈금일각피려자박〉

삼십 년간 말을 타고 희롱해 왔더니

금일 당나귀에게 크게 받힘을 입었습니다.

그러자 향곡 선사께서 "과연 나의 제자로다." 하시며 기뻐하셨습니다.

법거량이란 이와 같이 전광석화(電光石火)로 문답이 오고가야 하는 것입니다.

역대(歷代)의 모든 불조(佛祖)께서 끊어지지 않도록 노심초사하신 부처님 심인법(心印法)이 인도에서 중국을 거쳐 한국에 전해진 후, 오직 한국에서만 오늘날까지 그 법이 우리의 선불장(選佛場)에서 오롯하게 남아 있으니, 이 얼마나 다행인가!

이 귀하고 귀한 부처님의 심인법을 다시 세계에 널리 선양(宣揚)해야 할 것이라.

〔주장자(拄杖子)로 법상(法床)을 한 번 치고 하좌(下座)하시다. 〕

적양화적양화(摘楊花摘楊花)

조주(趙州) 선사의

• 17 •

2019년 기해년 하안거 해제법어

〔상당(上堂)하시어 주장자(拄杖子)를 들어 대중에게 보이시고,〕

佛祖場中不展戈 〈불조장중부전과〉

後人剛地起嗤訛 〈후인강지기효와〉

道泰不傳天子令 〈도태부전천자령〉

時淸休唱太平歌 〈시청휴창태평가〉

부처님과 조사가 계시는 곳에는 다툼이 없거늘

뒷사람들이 공연히 옳고 그름을 논함이로다.

178

진리의 도가 넓어지면 천자의 영을 전할 것도 없음이요,

세상이 맑은 시절에는 태평가를 부를 필요조차 없음이로다.

금일은 어느덧 석 달의 안거(安居)를 마치는 해제일이라.

세월의 흐름이란 주야(晝夜)가 따로 없고 춘하추동의 계절에 관계없이 쉼 없음이라.

생사(生死)도 이와 같이 신속하니 안거가 끝났다고 해서 화두(話頭) 없이 행각(行脚)에 나서거나, 각 수행처소에서 나태하거나 방일(放逸)해서는 아니 될 것이라.

부처님의 진리를 배우는 제자들은 먹는 것과 입는 것, 더운 것과 추운 것 등 주변 환경에 구애받지 말고 오직 부처님의 은혜와 시주(施主)의 은혜를 마음속에 깊이 새겨야 할 것이라. 이로부터 신심(信心)과 발심(發心)이 생겨나고 여일(如一)한 정진을 할 수 있음이라.

이 공부는 요행으로 우연히 의심이 돈발(頓發)하고 일념(一念)이 지속되는 것도 아니고, 시간이 지나간다고 저절로 신심과 발심이 생겨나는 것도 아닙니다. 항상 조석(朝夕)으로 부처님 전에 발원(發願)하면서 자신의 공부상태를 돌이켜보고 점검하여야 퇴굴(退屈)하지 않는 용맹심을 갖게 될 것이니 명심(銘心)하고 명심하여야 할 것이라.

수좌들이 찾아와서 "어떻게 해야 공부를 잘 할 수 있습니까?" 하고 묻기만 할 뿐이지, 알려주면 따르지 않는 이가 대다수입니다.

편하고 쉽게 정진해서 견성성불(見性成佛) 하겠다는 생각을 가지는 것은 '높은 산을 오르고자 하면서 몸은 내리막길로 가고 있는 것'과 같음이라.

어째서 많은 사람들이 오랜 시간을 정진하고도 화두일념(話頭一念)이 지속되지 않고 득력(得力)을 하지 못하는지 각자가 깊이 반성해야 할 것이라.

화두(話頭)가 있는 이는 각자의 화두를 챙기되, 화두가 없는 이는 '부모에게 나기 전에 어떤 것이 참나인가?' 하는 이 화두를 들고 가나 오나, 앉으나 서나, 밥을 먹으나 산책을 하나 일체처 일체시에 화두를 챙기고 의심하기를 하루에도 천번 만번 하여 시냇물이 흐르듯이 끊어짐이 없도록 애를 쓰고 애를 써야 할 것이라.

• • •

중국의 당나라 시대에 조주고불(趙州古佛)이라 불리운 대선지식이 계셨습니다. 조주 선사께서는 10세 미만의 나이로 출가하여 남전(南泉) 선사께 인사를 올리니, 남전 선사께서는 누워 계시던 채로 인사를 받으며 물으셨습니다.

"어디서 왔느냐?"

"서상원(瑞像院)에서 왔습니다."

"서상원에서 왔을진대, 상서로운 상(像)을 보았느냐?"

"상서로운 상은 보지 못했지만, 누워 계시는 부처님은 뵈었습니다."

남전 선사께서 누워 계시니 하는 말입니다.

남전 선사께서 이 말에 놀라, 그제서야 일어나 앉으시며 다시 물으셨습니다.

"네가 주인이 있는 사미(沙彌)냐, 주인이 없는 사미냐?"

"주인이 있습니다."

"너의 주인이 누구인고?"

"선사님, 정월이 대단히 추우니 스님께서는 귀하신 법체(法體) 유의하시옵소서."

그대로 아이 도인(道人)이 한 분 오신 것입니다.

남전 선사께서 기특하게 여겨, 원주를 불러 이르셨습니다.

"이 아이를 깨끗한 방에 잘 모셔라."

부처님의 이 견성법(見性法)은 한 번 확철히 깨달을 것 같으면, 몸을 바꾸어 와도 결코 매(昧)하지 않고, 항상 밝아 그대로 생이지지(生而知之)입니다.

이 사미승이 바로 조주(趙州) 스님인데, 이렇듯 도(道)를 깨달은 바 없이 10세 미만인데도 다 알았던 것입니다.

조주 스님은 여기에서 남전 선사의 제자가 되어 다년간 모시면서 부처님의 진안목(眞眼目)을 갖추어 남전 선사의 법(法)을 이었습니다.

조주 선사 회상(會上)에서, 한 수좌(首座)가 석 달 동안 공부를 잘 해오다가 해제일에 이르러 하직인사를 드리니, 조주 선사께서 이르셨습니다.

"부처 있는 곳에서도 머물지 말고, 부처 없는 곳에서도 급히 달아나라. 만약 삼천 리 밖에서 사람을 만나거든 그릇 들어 말하지 말라."

이에 그 수좌가

"스님, 그렇다면 가지 않겠습니다." 하니, 조주 선사께서

"버들잎을 따고, 버들잎을 딴다.[적양화적양화(摘楊花摘楊花)]"라고 말씀하셨습니다.

'그렇다면 가지 않겠습니다' 하는데 어째서 '버들잎을 따고, 버들잎을 딴다'고 하는가?

이러한 법문은 알기가 매우 어려운 것이어서, 만일 누구라도 각고정진(刻苦精進)하여 이 법문의 뜻을 알아낸다면, 백천삼매(百千三昧)와 무량묘의(無量妙意)를 한꺼번에 다 알아서 하늘과 땅에 홀로 걸음하리라.

조주 선사의 '적양화적양화(摘楊花摘楊花)'를 알겠습니까?

천리오추추부득(千里烏騅追不得)이라.

천 리를 달리는 오추마라도 따라잡기 어렵느니라.

약 100여 년 전 우리나라에 만공(滿空) 선사라는 도인스님이 계셨는데, 수십 명 대중에게 항시 바른 수행을 지도하고 계셨습니다.

하루는 몇몇 수좌들과 마루에 앉아 한담(閑談)을 하고 있는 차제에 처마 끝에서 새가 푸르르 날아가니 만공 선사께서 물으셨습니다.

"저 새가 하루에 몇 리나 날아가는고?"

이 물음에 다른 수좌들은 답이 없었는데, 보월(寶月) 선사가 일어나 다음과 같이 명답을 했습니다.

"촌보(寸步)도 처마를 여의지 아니했습니다."

훗날 만공 선사께서 열반에 드시니 산중회의에서 고봉(高峯) 선사를 진리의 지도자인 조실(祖室)로 모시기로 하였습니다.

결제일이 도래하여 대중이 고봉 선사께 법문을 청하니, 고봉 선사가 법문을 하기 위해 일어나서 법상(法床)에 오르려 하였습니다.

바로 그때, 금오(金烏) 선사가 뒤를 따라가서 고봉 선사의 장삼자락을 잡으면서 말했습니다.

"선사님, 법상에 오르기 전에 한 말씀 이르고 오르십시오."

"장삼자락 놔라!"

고봉 선사가 이렇게 말하니, 금오 선사가 재차 여쭈었습니다.

"한 말씀 이르고 오르십시오."

"장삼자락 놔라!"

그 후로 40년 세월이 흘러 하루는 산승의 스승이신 향곡 선사께서 산승에게 이 대문을 들어서 물으셨습니다.

"네가 만약 당시에 고봉 선사였다면, 금오 선사가 장삼자락을 붙잡고 한마디 이르고 오르라 할 때에 뭐라고 한마디 하려는고?"

향곡 선사의 물음이 떨어지자마자 산승은 벽력같이 '할(喝)'을 했습니다.

"억!" 하고 할을 하니, 향곡 선사께서 말씀하셨습니다.

"네가 만약 그렇게 할을 한다면 세상 모든 사람들의 눈을 다 멀게 하여가리라." 할이 틀렸다는 말입니다.

향곡 선사의 이 같은 말씀에 산승이 바로 말씀 드렸습니다.

"소승(小僧)의 허물입니다."

그러자 향곡 선사께서 멋지게 회향하셨습니다.

"노승(老僧)의 허물이니라."

자고로 법담(法談)은 이렇게 나가야 됩니다.

장삼자락을 붙잡고 '이르라' 할 때에는 한마디 척 해야 되는

184

데, 산승이 즉시 '할'을 한 것은 묻는 상대의 안목(眼目)을 한 번 흔들어 놓는 것입니다. 즉, 묻는 사람이 알고 묻느냐 알지 못하고 묻느냐, 상대의 안목을 알아보기 위한 것입니다.

그러자 향곡 선사께서는 바로 낙처(落處)를 아시고는 '네가 만약 그렇게 후학을 지도한다면 앞으로 만 사람의 눈을 멀게 하여 간다'고 바르게 점검하신 것입니다.

이렇게 흑백을 척척 가릴 수 있어야 선지식이 되고, 만 사람의 바른 지도자가 될 수 있습니다. 그러한 눈이 없다면 태산이 가리고 있어서 선지식 노릇을 할 수 없는 법입니다.

향곡 선사의 말씀에 산승이 '소승의 허물입니다.' 하고 바로 잘못을 거두니, 향곡 선사께서도 '노승의 허물이니라.' 하고 바로 거두셨으니, 이 얼마나 멋지게 주고받은 진리의 문답입니까!

이처럼 남방의 불법과 북방의 불법에 심천(深淺)이 크게 있는 것이라.

시회대중(時會大衆)이여!

이 대문(大文)을 바로 보시오!

〔주장자(拄杖子)로 법상(法床)을 한 번 치고 하좌(下座)하시다.〕

2019년 기해년 동안거 결제법어

〔상당(上堂)하시어 주장자(拄杖子)를 들어 대중에게 보이시고, 〕

眼中無瞖休挑括 〈안중무예휴조괄〉

鏡中無塵不用磨 〈경중무진불용마〉

伸足出門行大路 〈신족출문행대로〉

橫按拄杖唱山歌 〈횡안주장창산가〉

唱山歌兮 〈창산가혜〉

山是山水是水 〈산시산수시수〉

눈 가운데 티끌 없으니 긁으려 하지 말고

거울 가운데 먼지 없으니 닦으려 하지 말라.

발을 디뎌 문을 나가 큰길을 행함에

주장자를 횡으로 메고 산노래를 부름이로다.

산노래를 부름이여!

산은 산이요, 물은 물이로다.

금일은 기해년 동안거 결제일이라.

산문(山門)을 잠그고 삼동결제(三冬結制)에 임하는 대중들의 마음자세는 모든 반연(攀緣)과 갈등과 시비장단(是非長短)을 내려놓고 이번 결제기간 동안 반드시 화두(話頭)를 타파해서 대오견성하겠다는 각오가 확고해야 함이라.

흉내만 내고 앉아 있는 반딧불 같은 신심(信心)으로는 이 광대무변한 부처님 진리의 세계에 도저히 이를 수가 없음이라.

해마다 반복되는 결제와 해제에 빠지지 않는 사부대중(四部大衆)이 가상(嘉尙)하기는 하지만, 부처님 법을 배우는 목적은 자기사(自己事)를 밝히는 데 있습니다.

이번 결제 동안 부지런히 정진해서 각자의 화두를 타파하여 확철대오(廓徹大悟)하게 되면 모든 부처님과 역대 조사(祖師)들과 어깨를 나란히 하게 됩니다.

그때는 이 사바세계가 그대로 불국토가 되고, 팔만사천 번뇌가 그대로 반야지혜(般若智慧)가 되는 것입니다.

화두(話頭)가 있는 이는 각자의 화두를 챙기되, 화두가 없는 이는 '부모에게 나기 전에 어떤 것이 참나인가?' 하고 이 화두를 자나 깨나, 앉으나 서나, 밥을 먹으나 산책을 하나 일체처 일체시에 챙기고 의심하여야 할 것이라.

• • •

중국 선종의 4대 조사(祖師)이신 도신(道信) 선사 당시에 우두 법융(牛頭法融) 스님이 있었습니다.

우두 스님이 젊은 시절에 혼자서 정진을 하고 있노라면, 온갖 새들이 꽃을 물어 와서 공부하는 자리에는 항상 꽃이 수북이 쌓여 있었고, 공양(供養) 때에는 천녀(天女)들이 공양을 지어 올렸습니다.

하루는 우두 스님이 도신 선사를 찾아뵙고 그간에 공부했던 것을 말씀드렸습니다. 도신 선사께서 그것을 들으시고는,

"네가 그러한 삿된 소견(所見)을 가지고 어찌 불법(佛法)을 알았다고 할 수 있느냐?" 하시며 직하(直下)에 방망이를 내리셨습니다.

무릇 세상 사람들이 볼 때에는 온갖 새가 꽃을 물어 나르고 천녀가 공양을 올렸으니 큰스님 중의 큰스님이라고 여길 것입니

다. 그러나 불법의 근본진리를 아는 사람이 보건대는, 그것은 몇 푼어치 안 되는 살림살이입니다.

우두 스님이 도신 선사께 법 방망이를 맞고 분발(奮發)하여 다시 정진을 하니, 새들이 꽃을 물어오지 않았고 천녀들도 공양을 지어 올리지 않았습니다.

이렇듯 대적삼매(大寂三昧)를 수용하면 모든 성인(聖人)들도 그 사람을 보지 못하고, 천룡팔부(天龍八部)며 귀신·선신(善神)들은 더더욱 볼 수 없으며, 온갖 새와 짐승들은 말할 것도 없습니다.

광대무변한 진리의 심오한 세계는 스승 없이 혼자서는 다 알았다 할 수 없기에 반드시 먼저 깨달은 눈 밝은 선지식을 의지해서 점검받고 인가를 받아야 합니다. 스승 없이, 점검을 받지 아니하고 '알았다'고 하는 사람이 요즈음도 부지기수인데, 그것은 다 외도(外道)의 소견(所見)에 집을 지어가지고 있는 것입니다.

그래서 부처님께서도 '무사자오(無師自悟)는 천마외도(天魔外道)다.'라고 하셨습니다.

즉, 정법을 이은 선지식(善知識)으로부터 점검받은 바 없이 깨달았다 하는 자는 천마이고 외도일 뿐이라고 못을 박아놓으신 것입니다.

그 후 오랜 세월이 지나서 어느 스님이 남전(南泉) 선사께 여쭙기를,

"우두 스님에게 새들이 꽃을 물어다 바치고 천녀가 공양을 지어 올리는 것은 어떻습니까?" 하니, 남전 선사께서는

"걸음걸음이 부처님의 계단을 올라간다."라고 답하셨습니다.

"도신 선사로부터 방망이를 맞은 후, 새들이 꽃을 물어오지 않고 천녀들도 공양을 올리지 아니한 때는 어떻습니까?"

"설령 온갖 새들과 천녀가 오지 않는다 해도 나의 도(道)에 비하면 실 한 오라기에도 미치지 못하느니라."

이와 같이 부처님 진리에도 깊고 얕은 세계가 있습니다.

그러니 여러 대중은 이러한 법문을 잘 새겨듣고서, 공부를 지어가다가 반짝 나타나는 하찮은 경계들을 가지고 살림으로 삼아 자칫 중도(中途)에 머무르게 되는 오류를 범하지 말고, 부처님의 정안(正眼)을 밝히는 데 근간(根幹)을 두고서 철저히 수행해야 할 것입니다.

예전에 산승(山僧)의 스승이신 향곡(香谷) 선사께서 우두 선사의 법문을 들어 산승에게 물으신 적이 있었습니다.

"우두 스님이 사조 선사를 친견하기 전에 천동 천녀가 공양을 지어 올리고, 백 가지 새들이 꽃을 물어다 바치는 것은 어떻게 생각하는고?"

이에 산승이 "삼삼(三三)은 구(九)입니다."라고 답하였습니다.

190

"그러면 우두 스님이 사조 선사를 친견한 후로 천동 천녀들이 공양을 지어오지 않고, 백 가지 새들이 꽃을 물어오지도 아니한 때는 어떻게 생각하는고?"

이에 산승이 "육육(六六)은 삼십육(三十六)입니다."라고 답하였습니다.

필경(畢竟)에 진리의 일구(一句)는 어떠한 것인고?

〔 양구(良久)하신 후 스스로 이르시기를, 〕

　橫按拄杖不顧人　　　　　〈횡안주장불고인〉
　卽入千峰萬峰去　　　　　〈즉입천봉만봉거〉
　주장자를 횡으로 메고 사람들을 돌아보지 않고
　곧바로 천 봉과 만 봉 속으로 들어감이라.

〔 주장자(拄杖子)로 법상(法床)을 한 번 치고 하좌(下座)하시다. 〕

방거사(龐居士) 가족의 깨달음

• 19 •

2020년 경자년 하안거 결제법어

〔상당(上堂)하시어 주장자(拄杖子)를 들어 대중에게 보이시고, 〕

衆生諸佛不相侵	〈중생제불불상침〉
山自高兮水自深	〈산자고혜수자심〉
萬別千差明此事	〈만별천차명차사〉
鷓鴣啼處百花新	〈자고제처백화신〉

중생과 모든 부처님이 서로 침범하지 아니하며

산은 스스로 높고 물은 스스로 깊음이로다.

만 가지 천 가지로 다름이 모두 이 진리를 밝힘이니

자고새 우는 곳에 온갖 꽃이 새롭도다.

중생과 모든 부처님이 서로 침범하지 아니한다는 것은 각각 자기의 위치에서 진리의 낙을 누린다는 말입니다.

어째서 그러하냐?

산은 스스로 높음이요,

물은 스스로 깊음이로다.

금일(今日)은 경자년(庚子年) 하안거 결제일이라.

대중들이 이렇게 모여서 삼하구순(三夏九旬) 동안 산문을 폐쇄하고 모든 반연을 끊고, 불철주야 정진에만 몰두하는 것은 끝없는 생사윤회의 고통에서 영원히 벗어나기 위해서입니다.

수십 년 안거결제를 빠지지 않았음에도 득력(得力)을 하지 못하는 이유가 어디에 있는가? 그것은 반연(攀緣)과 습기(習氣)에 놀아나서 온갖 분별, 망상과 혼침(昏沈)에 시간을 다 빼앗겨 화두일념(話頭一念)이 지속되지 않았기 때문이라.

이 공부는 요행으로 우연히 의심이 돈발(頓發)하고 일념(一念)이 지속되는 것이 아니고, 세월이 흐른다고 저절로 신심(信心)

과 발심(發心)이 생겨나는 것도 아닙니다.

　대오견성(大悟見性)에 대한 간절함이 사무쳐서 마치 시퍼런 칼날 위를 걷는 것과 같이 온 정신을 모아 집중하지 않는다면 절대 성취하기 어려운 것입니다.

　만약, 보고 듣는 것에 마음을 빼앗겨 털끝만큼이라도 다른 생각이 있거나 게으른 마음이 생기면, 화두는 벌써 십만팔천 리 밖으로 달아나 버리고 과거의 습기(習氣)로 인한 다른 생각이 마음 가운데 자리잡고서 주인노릇을 하고 있음이라.

　화두(話頭)가 있는 이는 각자의 화두를 챙기되, 화두가 없는 이는 '부모에게 나기 전에 어떤 것이 참나인가?' 하고 이 화두를 가나 오나, 앉으나 서나, 밥을 먹으나 산책을 하나 일체처 일체시에 챙기고 의심하기를 하루에도 천번 만번 하여 시냇물이 흐르듯이 끊어짐이 없도록 애를 쓰고 애를 써야 할 것이라.

　이 부처님의 진리는 스님네만의 전유물이 아니고, 누구든지 눈 밝은 선지식(善知識)을 만나서 바른 지도를 받아 착실히 수행해 갈 것 같으면, 금생 한 생에 이 일을 다 마쳐 한가한 무사장부(無事丈夫)가 될 수 있음이라.

· · ·

　중국의 당나라 시대에 방 거사(龐居士)라는 훌륭한 거사가 있었습니다.

방 거사는 부처님 선법(禪法)이 유래한 후로, 마을 거사로서는 가장 으뜸가는 안목(眼目)을 갖춘 분입니다. 그간에 무수한 거사와 보살들이 이 최상승 선법을 닦아서 깨달음을 얻었지만, 방 거사의 안목을 능가할 만한 기틀을 갖춘 사람은 드뭅니다.

방 거사 당시는 마조(馬祖)·석두(石頭) 선사 두 분이 쌍벽을 이루어 당나라 천지에 선법(禪法)을 크게 선양(宣揚)하던 때였습니다.

그래서 당시에 신심 있고 용맹 있는 스님네들과 마을 신도들은 모두 두 분 도인을 친견하여 법문을 듣고 지도를 받았습니다.

하루는 방 거사가 큰 신심과 용기를 내어 석두 선사를 친견하러 가서 예(禮) 삼배를 올리고 여쭙기를,

"만 가지 진리와 더불어 벗을 삼지 아니하는 자, 이 어떤 분입니까?" 하고 아주 고준한 일문(一問)을 던졌습니다.

그러자 석두 선사께서는 묻는 말이 떨어지자마자 방 거사의 입을 틀어막았습니다. 여기에서 홀연, 방 거사의 마음 광명이 열렸습니다.

"스님, 참으로 감사합니다."

거사는 석두 선사께 큰절을 올려 하직인사를 하고는, 그 걸음으로 수백 리 길을 걸어서 마조 선사를 친견하러 갔습니다.

마조 선사 처소에 이르러 예 삼배를 올리고 종전과 같이 여쭈었습니다.

"만 가지 진리와 더불어 벗을 삼지 아니하는 자, 이 어떤 분입니까?"

"그대가 서강수(西江水) 물을 다 마시고 오면 그대를 향해 일러 주리라."

마조 선사의 고준한 이 한 마디에 방 거사의 마음 광명이 여지없이 활짝 열렸습니다. 제불제조(諸佛諸祖)와 동일한 안목이 열렸다는 말입니다. 그리하여 여기에서 마조 선사의 제자가 되었습니다.

그런 후로 집에 돌아와서 대대로 물려받은 가보(家寶)와 재산을 마을 사람들에게 전부 흔연히 보시하였습니다. 가족은 부인과 딸이 하나 있었는데, 개울가에 오두막집을 한 칸 지어놓고 산죽(山竹)을 베어다가 쌀을 이는 조리를 만들어 팔아 생활하면서 참선수행에 몰두하여 마침내 온 가족이 진리의 눈을 떴습니다.

하루는 방 거사가 딸의 진리의 기틀을 시험해 보기 위해서 한 마디를 던졌습니다.

"일백 가지 풀 끝이 다 밝고 밝은 부처님 진리로다."

그러자 딸 영조(靈照)가 즉시 받아서,

"머리가 백발이 되고 이가 누렇게 되도록 수행을 하셨으면서 그러한 소견밖에 짓지 못하십니까?"

하고 아버지를 꾸짖었습니다.

세상 사람들 같으면 버릇없다고 하겠지만 이 법을 깨달으면 그렇지가 않습니다. 이 최고의 법(法)을 논하는 데는 지위의 높고 낮음이 없기 때문입니다.

그러니 방 거사가 딸을 보고 물었습니다.

"너는 그러면 어떻게 생각하는고?"

"일백 가지 풀끝이 다 밝고 밝은 부처님의 진리입니다."

아버지 방 거사가 똑같은 말을 했었는데 '그러한 소견밖에 짓지 못했느냐'며 호통을 쳐놓고는 자신도 역시 그렇게 말했던 것입니다.

여기에 참으로 고준한 안목이 있습니다.

똑같은 말을 했지만 여기에는 하늘과 땅 사이만큼의 차이가 있습니다.

방 거사 일가족이 다 견성(見性)을 하여 멋지게 생활한다는 소문이 분분하니, 많은 도인(道人)들이 방문하여 오갔습니다.

이 도를 깨달으면 거기에는 승속(僧俗)이 따로 있지 않습니다. 불법(佛法)의 가치는 머리나 옷의 형상에 있지 않고, 오직 그 밝은 안목만이 천고(千古)에 귀한 것이기 때문입니다.

하루는 단하 천연(丹霞天然) 선사가 방 거사를 찾아왔는데, 마침 영조가 사립 앞 우물에서 나물을 씻고 있던 중이었습니다.

천연 선사께서 물으시기를,

"거사 있느냐?" 하자, 영조가 나물 씻던 동작을 멈추고 일어서서 차수(叉手)하고 가만히 서 있었습니다.

천연 선사께서 즉시 그 뜻을 간파하시고, 다시 어떻게 나오는지 시험해 보시기 위해서

"거사 있느냐?" 하고 재차 물으셨습니다.

그러자 영조는 차수했던 손을 내리고 나물바구니를 머리에 이고 집 안으로 들어가 버렸습니다. 그러자 단하 천연 선사께서 즉시 돌아가셨습니다.

말이 없는 가운데 말이 분명합니다. 우리가 이러한 말을 들을 줄 알아야지, 이러한 말을 들을 줄 모르면 귀한 사람이 될 수가 없는 법입니다.

이 법문의 심심(深深)한 용처(用處)를 보면, 천하 미인이 양귀비가 아니라 영조입니다. 영조야말로 모든 부처님과 역대 도인과 더불어 호리(毫釐)도 차(差)가 없는 당당한 기봉(機鋒)을 갖추었다 할 것입니다.

어느 날 방 거사가 가족과 함께 방에서 쉬고 있다가 불쑥 한마디 던지기를,

"어렵고 어려움이여, 높은 나무 위에 백 석의 기름을 펴는 것

198

과 같음이로다." 하자, 방 거사 보살이 그 말을 받아서

"쉽고 쉬움이여, 일백 가지 풀끝에 불법의 진리로다." 하고 반대로 나왔습니다.

그러자 영조가 석화전광(石火電光)과 같이 받아서,

"어렵지도 아니하고 쉽지도 아니함이여, 곤(困)하면 잠자고 목마르면 차를 마심이로다."라고 말했습니다.

정말 위대한 가족입니다. 위대한 처사이고 위대한 보살들입니다. 모든 부처님, 모든 도인과 똑같은 안목을 갖춘 분들입니다.

여러 대중은 방 거사 일가족을 알겠습니까?

방 거사가 말한 "어렵고 어려움이여, 높은 나무 위에 백 석의 기름을 펴는 것과 같음이로다."라고 한 것은 어떠한 진리를 표현한 것이며, 방 거사 보살이 말한 "쉽고 쉬움이여, 일백 가지 풀끝에 불법의 진리로다." 한 것은 어떠한 진리를 표현한 것입니까?

또, 영조가 말한 "어렵지도 아니하고 쉽지도 아니함이여, 곤하면 잠자고 목마르면 차를 마심이로다." 한 것은 어떠한 진리의 세계를 드러낸 것입니까?

이 세 마디에 모든 부처님과 모든 도인께서 설하신 법문이 다 들어 있으니, 이것을 가려낼 줄 안다면 모든 부처님과 모든 도

인의 스승이 될 것입니다.

　그러면, 산승이 한 팔을 걷어붙이고 이 방 거사 일가족의 심오한 법문을 점검하여서, 위로는 모든 부처님께 참진리의 공양을 올리고, 시회대중(時會大衆)에게 법문 공양을 올릴까 합니다.

　만약 산승이, 방 거사 일가족이 한마디씩 할 때 그 자리에 있었더라면, 이 주장자(拄杖子)로 세 분에게 각각 삼십 방씩 때렸을 것입니다.

　만약 사람이 있어서, "방 거사 일가족이 멋진 법문을 하여 천추만대에 불법(佛法)을 빛나게 하였거늘, 스님은 무슨 장처(長處)가 있기에 고인들에게 방망이를 내리느냐?"라고 물을 것 같으면 이렇게 답하리라.

　　來年更有新條在　　　　〈내년갱유신조재〉
　　惱亂春風卒未休　　　　〈뇌란춘풍졸미휴〉
　　내년에 다시 새 가지가 있어
　　봄바람에 어지러이 쉬지 못함이로다.

　〔주장자(拄杖子)로 법상(法床)을 한 번 치고 하좌(下座)하시다.〕

200

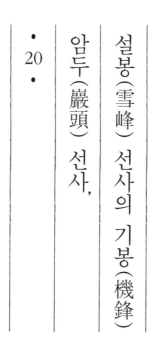

설봉(雪峰) 선사의 기봉(機鋒)

암두(巖頭) 선사,

2021년 신축년 하안거 해제법어

〔상당(上堂)하시어 주장자(拄杖子)를 들어 대중에게 보이시고, 〕

這箇拄杖子	〈자개주장자〉
三世佛祖命根 列聖鉗鎚	〈삼세불조명근 열성겸추〉
換斗移星 驚天動地	〈환두이성 경천동지〉
什麼人 恁麼來	〈십마인 임마래〉
試擧看	〈시거간〉

이 주장자는

삼세불조의 생명의 뿌리이며 열성의 불집게와 쇠망치라.

북두를 잡아 별을 옮기고 하늘이 놀라고 땅이 진동함이로다.

어떤 사람이 이렇게 오는 것인고?

시험에 드는 것을 보라.

금일은 하안거 해제일이라.

결제와 반살림을 지나 어언간에 해제일이 도래하니, 이처럼 시간은 시위를 떠난 화살처럼 신속하기에 결제·해제가 반복되는 일상이 되어서는 아니 될 것입니다.

금일은 있음이나 내일은 알 수 없으니, 금생에 대오견성(大悟見性) 하지 못한다면 어느 생에 부처님 심인법(心印法)을 다시 만난다고 기약하겠는가.

이 공부는 결제·해제에 불상관(不相關)하고 일생을 걸고 신명(身命)을 바쳐 '금생에 기필코 이 일을 해결하겠다'는 간절한 각오로 화두(話頭)를 참구하면 누구라도 진리의 문에 들어갈 수 있음이라.

화두가 있는 이는 각자의 화두를 챙기되, 화두가 없는 이는 '부모에게 나기 전에 어떤 것이 참나인가?' 하고 이 화두를 일체처 일체시에 챙기고 의심하여 일념(一念)이 지속되도록 정진하고 또 정진할지어다.

진리의 문을 활짝 여니 범부(凡夫)와 성인(聖人)이 한집에서 같이 살고, 진리의 문을 닫으니 북쪽에는 백두산이요, 남쪽에는 한라산이로다.

지금 이 자리는 범부(凡夫)와 도인(道人)을 가리는 선불장(選佛場)입니다. 누구든지 꾸준히 갈고 닦아 자신의 본분사(本分事)를 뚜렷이 밝혀낼 것 같으면, 도인과 범부를 가리는 이 관문을 통과하여 불법 정안(正眼)을 인증받을 수 있을 것입니다.

이 관문을 통과하지 않고 자기 혼자서 깨달아 알았다고 하는 것은 있을 수 없는 일입니다. 혼자서 스스로 '알았다'고 하면 모두 사견(邪見)에 빠지고 맙니다. 그러므로 먼저 깨달으신 선지식(善知識)을 찾아가서 자신이 깨달은 경지를 점검받아야만 그 진위(眞僞)를 가릴 수가 있는 법입니다.

부처님께서도 "스승 없이 깨달은 자는 모두 천마(天魔)이고 외도(外道)이다."라고 하셨습니다. 그래서 제불제조(諸佛諸祖)께서 인증(印證)의 가풍(家風)을 확고히 세워놓으신 것입니다.

• • •

중국의 당나라 시대에 위대한 선지식의 상징은 할(喝)로 유명한 임제(臨濟) 선사와 봉(棒)으로 유명한 덕산(德山) 선사입니다.

그 덕산 선사는 암두(巖頭) 선사와 설봉(雪峰) 선사를 제자로 두었습니다.

암두 선사께서 불법사태(佛法事態)를 당하여 속복(俗服)을 입고 머리를 기르고 뱃사공을 하면서 사셨던 적이 있었습니다.

양쪽 강둑에 각각 목판(木板)을 하나씩 걸어놓고 강을 건너고자 하는 사람이 와서 그 목판을 치면, 초막에서 노를 잡고 춤을 추며 나와 강을 건네주곤 하였습니다.

어느 날 한 보살이 아이를 업고 와서 목판을 쳤습니다.

암두 선사께서 "누구요?" 하고 여느 때처럼 춤추며 와서 배를 대니, 보살이 배를 탄 후 강 가운데 이르러서 갑자기 아이의 멱살을 잡아 쳐들고서 물었습니다.

"노를 잡고 춤추는 것은 묻지 아니하거니와, 이 아이가 어디로부터 왔는가를 일러 보시오."

이에 암두 선사께서는 말없이 노를 가지고 뱃전을 세 번 쳤습니다.

그러자 보살은, "내가 아이를 여섯이나 낳았어도 지금까지 아는 자를 만나지 못했는데, 일곱 번째 아이를 낳고 만난 이 자도 역시 신통치 못하구나."

하면서 쳐들고 있던 아이를 강 가운데로 던져 버렸습니다.

이에 암두 선사는 아무런 말이 없었습니다.

모든 대중은 이 암두무언처(巖頭無言處)를 알아야 할 것이라.

그런 후로 암두 선사께서는 뱃사공 일을 걷어치워 버리셨습니다.

이것이 가장 알기 어려운 법문입니다.

보살이 귀한 아이를 강에다 던져버린 까닭은 무엇이며, 또 어떻게 답을 했어야 그 아이를 살릴 수 있었겠는가?

그러면, 암두 선사께서 뱃전을 세 번 친 그 답이 잘못된 것인가?

아이를 강물에 던진 보살은 어떠한 용심(用心)을 한 것인가?

이러한 관문을 능히 통과해야만 과거장(科擧場)의 합격자로 인증받아서 비로소 만인에게 불법의 진리를 펼 수 있는 사표(師表)가 될 수 있습니다.

대중은 암두 선사와 보살을 알겠는가?

〔 대중의 답이 없자 스스로 이르시기를, 〕

兩個惡賊相逢   〈양개악적상봉〉
各設陷虎之機   〈각설함호지기〉
사나운 두 도적이 서로 만남에
각각 범 잡는 함정을 베풂이로다.

설봉(雪峰) 선사가 암자에 주석하고 계실 때에, 어떤 수좌 두

사람이 와서 예배하거늘, 설봉 선사가 암자 문을 열고 나서서 말하되,

"이것이 무엇인고?" 하니, 수좌도 역시 말하기를,

"이것이 무엇입니까?" 함에, 설봉 선사가 고개를 숙이고 암자로 돌아갔습니다.

그 수좌들이 나중에 암두(巖頭) 선사에게 갔더니, 암두 선사가 물었습니다.

"어디에서 오는가?"

"영남(嶺南)에서 옵니다."

"설봉 선사를 보았느냐?"

"설봉 선사의 처소를 다녀오는 길입니다."

"무어라 하던가?"

이에 한 수좌가 앞의 이야기를 했더니, 암두 선사가 다시 물었습니다.

"달리 무어라 하던가?"

"그는 아무 말 없이 고개를 숙이고 암자로 돌아갔습니다."

그러자 암두 선사가 말하기를,

"슬프도다! 내가 애초에 그를 향해 말후구(末後句)를 일러주었던들, 천하 사람이 설봉 노사(老師)를 어찌하지 못했으리라." 하였습니다.

그 수좌가 여름이 끝날 무렵에 다시 이 이야기를 들어 이익(利

益)을 청하니 암두 선사가 말했습니다.

"왜 진작 묻지 않았는가?"

그 수좌가 대답하되,

"용이(容易)하지 못했습니다." 하니 암두 선사가 말하기를,

"나와 설봉은 비록 생(生)은 같이 했으나 죽음은 같이 하지 못함이로다. 말후구를 알고자 할진댄, 다만 이것[只這是]이니라." 하였습니다.

이 법문은 천하 선지식들도 알기가 어렵습니다.

산승이 두 팔을 걷어붙이고 설봉, 암두 두 분의 살림살이를 점검해서 제방(諸方)에 일임하노라.

대중은 설봉 선사가 머리를 숙이고 암자로 돌아간 뜻을 알겠는가?

설봉(雪峰)은 득편의시(得便宜時)에 실편의(失便宜)로다.

설봉 선사는 편의함을 얻은 때에 편의함을 잃었도다.

암두(巖頭) 선사를 알겠는가?

암두 선사는 분명히 백염적(白拈賊)이로다. 비록 그러하나 말후구는 일렀으되, 다만 팔부(八部)밖에 이르지 못함이로다.

어떻게 일러야만 십부(十部)를 일러갈꼬?

〔 양구(良久)한 후 이르시되, 〕

    雲在嶺頭閑不撤   〈운재영두한불철〉

    流水澗下太忙生   〈유수간하태망생〉

    구름은 산마루에 한가로이 떠있는데

    흐르는 물은 개울 아래에서 유달리도 바쁘더라.

〔 주장자(拄杖子)로 법상(法床)을 한 번 치고 하좌(下座)하시다. 〕

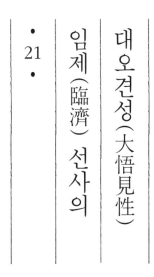

대오견성(大悟見性) 임제(臨濟) 선사의

· 21 ·

2021년 신축년 동안거 결제법어

〔상당(上堂)하시어 주장자(拄杖子)를 들어 대중에게 보이시고,〕

向上向下自在用　　　　〈향상향하자재용〉

天上人間無等匹　　　　〈천상인간무등필〉

향상구와 향하구의 진리를 자재하게 써야사

천상세계와 인간세계에 짝할 자가 없음이로다.

금일은 신축년(辛丑年) 동안거 결제일입니다.

인생이 긴 것 같지만 흐르는 시냇물처럼 밤낮으로 쉼 없이 흘러감에 돌이켜 볼 때 그 빠르기가 쏜 화살처럼 신속함이라. 이처럼 우리의 인생은 오늘 있다가 내일 가는 것이기에 사람의 몸을 받은 금생(今生)에 생사윤회의 고통을 해결해야 할 것이라.

금일 결제에 임하는 대중들은 산문(山門)을 폐쇄하고 회광반조(回光返照)하여 마음에서 우러나는 간절한 각오로 화두(話頭)와 씨름해야 할 것이라.

화두가 있는 이는 각자의 화두를 챙기되, 화두가 없는 이는 '부모에게 나기 전에 어떤 것이 참나인가?' 하고 이 화두를 챙기고 의심하기를 행주좌와(行住坐臥) 어묵동정(語默動靜) 가운데 오매불망 간절히, 화두의심이 뼈골에 사무치게 의심을 밀고 또 밀고 할 것 같으면 석 달 이내에 모두 다 견성(見性)할 수 있음이라.

이 생각 저 생각으로 인해 철저한 의심이 뼈골에 사무치지 않은 때문에 혼침(昏沈), 번뇌(煩惱), 망상(妄想)에 시간을 다 빼앗기고 허송세월만 하게 됨이라.

이 견성은 부처님이 해주는 것도 아니고, 선지식(善知識)이 해주는 것도 아니고 각자가 선지식의 바른 지도를 받아서 바르게만 지어가면 일념(一念)이 지속되어 참의심이 시동 걸리게 됩니다.

참의심이 한 달이고 일 년이고 흐르고 흐르다가 홀연히 사물을 보는 찰나에 소리를 듣는 찰나에 화두가 박살이 나게 됨이라. 그러면 모든 부처님과 조사와 어깨를 나란히 하고 천하를 종횡(縱橫)하게 됨이라.

• • •

중국의 당나라 시대에 위대한 선지식인 임제(臨濟) 선사가 계셨습니다. 임제 스님은 출가하여 경율(經律)을 익힌 후에 황벽(黃檗) 선사 회상(會上)을 찾아가서, 3년 동안 산문(山門)을 나가지 않고 참선정진에 전력을 다 쏟았습니다.

그 회상에 수백 명 대중이 모여 수행생활을 했지만, 임제 스님과 같이 신심(信心)과 용맹(勇猛)으로 일거일동(一擧一動)에 화두와 씨름하는, 그러한 좋은 기틀을 가진 사람이 둘도 없었을 만큼 빈틈없이 정진하였습니다.

당시에 입승(立繩)을 보던 목주(睦州) 스님이 임제 스님을 쭉 지켜보고는 큰 그릇으로 여겼습니다.

하루는 조실(祖室)이신 황벽 선사를 찾아가서 말씀드리기를,

"우리 회중(會中)에 장차 산마루에 큰 정자나무가 될 만한 인물이 있으니 조실스님께서 자비로 제접(提接)하여 주십시오."

"내가 벌써 알고 있네."

황벽 선사께서는 이미 큰 법기(法器)가 하나 와서 진실하게 공부해 나가고 있는 것을 간파하고 계셨던 것입니다.

"오늘 저녁 예불을 마치고 나서, 스님께 그 수좌(首座)를 보낼

터이니 잘 지도하여 주십시오."

목주 스님은 황벽 선사께 이렇게 청을 드려놓고, 임제 스님을 찾아가서

"그대가 지금까지 열심히 참구(參究)하여 왔으니 이제는 조실 스님께 가서 한번 여쭈어 보게." 하니, 임제 스님이 물었습니다.

"무엇을 여쭈어야 합니까?"

"불법(佛法)의 가장 긴요(緊要)한 뜻이 무엇인가를 여쭈어 보게."

임제 스님은 목주 스님이 시키는 대로 조실방에 찾아가 예(禮) 삼배를 올리고서 여쭈었습니다.

"스님, 어떠한 것이 불법의 가장 긴요한 뜻입니까?"

말이 떨어지자마자 황벽 선사께서는 주장자(拄杖子)로 이십 방[棒]을 후려 갈기셨습니다.

임제 스님이 겨우 몸을 이끌고 나와 간병실에서 쉬고 있으니, 목주 스님이 찾아왔습니다.

"조실스님을 친견했던가?"

"예, 가서 스님의 지시대로 여쭈었다가 방망이만 흠씬 맞아 전신이 다 부서진 것 같습니다."

"이 대도(大道)의 진리를 얻기 위해서는 신명(身命)을 내던져야 하네. 설사 몸이 가루가 되고 뼈가 만 쪽이 나더라도 거기에 조금이라도 애착을 두어서는 안되네. 그러니 그대가 다시 한 번 큰 신심(信心)을 내어 내일 아침에 조실스님께 가서 종전과 같이

묻게."

이 경책에 힘입어 다음 날, 임제 스님은 다시 용기를 내어 조실방에 들어갔습니다.

"어떠한 것이 불법의 가장 긴요한 뜻입니까?"

이렇게 여쭈니, 이 말이 채 끝나기도 전에 또 이십 방[棒]이 날아왔습니다.

이번에도 목주 스님은 간병실에 누워 있는 임제 스님을 찾아와 사정얘기를 듣고 나서 거듭 힘주어 말했습니다.

"이 법은 천추만대에 아는 선지식을 만나기도 어렵고 바른 지도를 받기도 어려운 것이니, 밤새 조리를 잘 하고 다시 용기와 신심을 가다듬어 내일 조실스님을 찾아가게."

그 다음 날도 임제 스님은 조실방에 들어갔다가 역시 종전과 같이 혹독한 방망이만 이십 방 맞고 물러나오게 되었습니다.

임제 스님은 더 이상 어찌해 볼 도리가 없다고 생각하고는 목주 스님에게 말했습니다.

"저는 아마도 이곳에 인연이 없는 것 같습니다. 이제는 다른 처소로 가보아야 할 것 같습니다."

"가는 것은 좋으나 조실스님께 하직인사나 올리고 가게. 갈 곳을 일러주실 것이네."

임제 스님이 떠날 채비를 다 해놓고서 황벽 선사께 가서,

"스님, 스님께서는 큰 자비로 저에게 법(法)방망이를 내려 주셨는데, 제가 업(業)이 지중하여 미혹(迷惑)한 까닭에 진리의 눈

을 뜨지 못하니 너무나 안타깝습니다." 하고는 하직인사를 올렸습니다.

"어디로 가려는가?"

"갈 곳이 정해지지 않았습니다."

"그러면 바로 고안(高安) 강변으로 가서 대우(大愚) 선사를 찾게. 틀림없이 자네를 잘 지도해 주실 것이네."

그리하여 임제 스님이 바랑을 짊어지고 고안 대우 선사 처소를 향해 수백 리 길을 걸어가는 동안 걸음걸음이 의심이었습니다.

무슨 의심이 그렇게 철두철미하게 났는가 하면,

'불법의 가장 긴요한 뜻이 무엇인가를 물었는데, 어째서 황벽 선사께서는 말이 떨어지자마자 세 번 다 이십 방씩 육십 방을 내리셨을까?'

그대로 일념삼매(一念三昧)에 빠져서 걷는 것조차 의식하지 못한 채 수백 리 길을 걸어갔습니다. 팔만 사천 모공에 온통 그 의심뿐이었습니다.

화두(話頭)를 참구하는 참선법은 바로 이와 같은 일념(一念)을 지어가는 것입니다. 그리하여 참구하는 한 생각이 간절하게 지속되게 되면, 그 가운데서 억겁다생(億劫多生)에 지은 업(業)이 빙소와해(氷消瓦解)되어 몰록 진리의 문에 들어가게 되는 법입니다.

참학인(參學人)들이 10년, 20년 동안을 참구해도 진리의 문에 들어가지 못하는 까닭은, 보고 듣는 것에 마음을 빼앗겨 간절한 한 생각이 지속되지 않기 때문입니다.

누구든지 육근육식(六根六識)의 경계를 다 잊어버리고 몰록 일념삼매(一念三昧)에 들어 부동일념(不動一念)이 되면, 일기일경상(一機一境上)에 홀연히 견성대오(見性大悟)하게 됩니다.

임제 스님이 여러 달을 걷고 또 걸어서 마침내 고안에 당도하여 대우 선사를 참예하였습니다.

"그대가 어디서 오는고?"

"황벽 선사 회상(會上)에서 지내다가 옵니다."

"황벽 선사께서 무엇을 가르치시던가?"

"제가 불법(佛法)의 가장 긴요한 뜻이 무엇인가를 세 번이나 여쭈었다가, 세 번 다 몽둥이만 흠씬 맞았습니다. 대체 저에게 무슨 허물이 있다는 것인지 모르겠습니다."

그러자 대우 선사께서 무릎을 치면서,

"황벽 선사께서 그대를 위해 혼신의 힘을 다해 가르치셨는데, 그대는 여기 와서 허물이 있는지 없는지를 묻는가?" 하며 "허허" 웃으셨습니다.

순간, 웃는 그 소리에 임제 스님은 홀연히 진리의 눈을 떴습니다. 그토록 의심하던 '황벽 육십 방[棒]'의 낙처(落處)를 알았던 것입니다.

"황벽의 불법(佛法)이 별것 아니구나!"

임제 스님이 불쑥 이렇게 말하자, 대우 선사께서 임제 스님의 멱살을 잡고는 다그치셨습니다.

"이 철없는 오줌싸개야! 네가 무슨 도리를 알았기에, 조금 전에는 허물이 있는지 없는지를 묻더니 이제 와서는 황벽의 불법이 별것 아니라고 하느냐?"

그러자 임제 스님이 대우 선사의 옆구리를 세 번 쥐어박으니, 대우 선사께서 잡았던 멱살을 놓으며 말씀하셨습니다.

"그대의 스승은 황벽이니 내가 관여할 일이 아니네."

임제 스님이 다시 황벽 선사께 돌아와 여러 해 동안 모시면서 탁마(琢磨)하여 대종사(大宗師)의 기틀을 갖추게 되었습니다.

선(禪) 문중에는 납자(衲子)가 종사(宗師)의 기틀을 갖추게 되면 스승으로부터 법(法)을 부촉(付囑)받고 분가(分家)하여서 다른 곳에 회상을 여는 전통이 있습니다.

이 때 스승이 제자에게 법을 부촉하는 표시로 주장자(拄杖子)나 불자(拂子)를 부치는데, 이 주장자와 불자는 모든 부처님 살림의 정안(正眼)인 것입니다.

하루는 임제 스님이 하직인사를 올리니, 황벽 선사께서 시자(侍者)를 불러 이르셨습니다.

"주장자와 불자를 가져오너라."

그러자 임제 스님이 즉시 응수하기를,

"시자야, 불[火] 가져오너라." 하였습니다.

이렇듯 기틀을 쓰는 데 있어서 돌불보다도 빠르고 번갯불보다도 빨랐습니다.

그 후 화북(華北)에 머물면서 후학(後學)을 지도하셨는데, 누구든지 법을 물으려고 문에 들어서면 벽력 같은 '할(喝)'을 하셨습니다.

시회대중(時會大衆)은 황벽, 대우, 임제, 세 분 도인을 알겠는가?

〔 대중이 말이 없자 스스로 이르시기를, 〕

　　同坑無異土　　　　　〈동갱무이토〉

　　千里同風　　　　　　〈천리동풍〉

　　萬里知音　　　　　　〈만리지음〉

　　같은 구덩이에 다른 흙이 없음이나

　　천 리 밖에서 바람을 같이 하고

　　만 리 밖에서 소리를 앎이로다.

〔 주장자(拄杖子)로 법상(法床)을 한 번 치고 하좌(下座)하시다. 〕

2부

신년 법어

1

불기 2557(2013)년 계사년 신년 법어

비었음이나 신령(神靈)하고,

공(空)함이나 묘(妙)함이라.

일단광명(一段光明)이 생불(生佛)의 요긴한 기틀이요,

확철시방(廓徹十方)이 범성(凡聖)의 주처(住處)로다.

계사년 새아침에 온 국민의 가정에 건강과 행복이 가득하시고, 우리 강산(江山)에 무궁화가 만발하소서. 인생(人生)을 빈한하게 사는 것은 지혜가 짧기 때문이요, 말이 여위면 털이 깁니다. 우리 모두 일상생활 속에 '부모에게 나기 전에 어떤 것이 참 나인가?' 하고 오매불망 간절히 의심하고 또 의심할지어다.

옛날에 조주(趙州) 사미승(沙彌僧)이 출가하여 남전(南泉) 선사를 친견하니 선사께서 물으셨습니다.

"그대가 어디서 왔는고?"

"서상원(瑞像院)에서 왔습니다."

"서상원에서 왔을진대 상서로운 상(像)을 보았는가?"

"상서로운 상은 보지 못했으나, 누워 계신 부처님은 보았습니다."

"네가 주인 있는 사미승(沙彌僧)인가, 주인 없는 사미승인가?"

"선사님, 정월달이 매우 추우니 귀하신 법체(法體) 유의하옵소서."

사미승의 대답이 이와 같으니, 남전 선사께서 원주를 불러 사미승을 깨끗한 방에 모시도록 하였습니다.

온 국민 여러분, 이 두 분의 문답처를 아시겠습니까?

若是金毛獅子子 　　　　〈약시금모사자자〉

三千里外知問答處 　　　〈삼천리외지문답처〉

만약 금털사자의 적자(嫡子)라면

삼천 리 밖에서 문답처를 알리라.

불기 2557(2013)년 계사년 새아침

대한불교조계종 종정 진제 법원

2

불기 2558(2014)년 갑오년 신년 법어

갑오년 새아침에

진리의 법이 있습니까?

있다고 하겠습니다.

그러면 어떤 것이 진리의 법입니까?

일출동산대지명(日出東山大地明)이라.

새해의 장엄한 빛이 온 지구촌을 밝게 비추는도다.

황금빛의 상서로운 기운이 마을마다 감도니 화합의 목소리가
집집마다 들리겠습니다.

나무는 꽃에 집착하면 열매를 맺기 어렵고

강물은 강을 버려야만 비로소 더 큰 바다에 들 수 있습니다.

파도처럼 밀려오는 미래 앞에, 누적된 과거의 폐습, 반목과 갈등은 지난 해에 잊혀 보내고 국가와 지구촌의 행복한 내일을 우리 모두 다 같이 염원합시다.

새아침, 새마당에 다 함께 나섭시다.

각자 자기의 분을 따라

수행인은 수도에 전념하고

정치인은 국민의 안녕과 복리를 위해 헌신하며

농부는 생산에, 근로자는 일에, 학생은 배움에 매진할 때

태평가 울리는 일등국가 일등국민의 반열에 오를 것입니다.

사해오호(四海五湖)의 모든 형제들이여!

온 세계가 한 집안이요, 만 가지 형상이 나와 둘이 아니라 한 몸입니다.

그런데 어찌 남북과 동서가 있겠습니까?

귀하고 귀한 것이 생명이니, 생명을 원한으로 갚으면 원한이 되어 다시 돌아오는 것이 인과(因果)입니다. 원한은 끝이 없습니다.

우리 다 같이 서로서로 용서하고 사랑합시다.

물은 만물을 이롭게 키워내지만, 막으면 찰 때까지 다투지 않

습니다.

그보다 더 부드럽고 더 겸손한 게 없지만, 딱딱하고 강한 것에 떨어질 때는 물보다 더 센 것도 없습니다.

그러나 늘 낮은 곳에 처하는 그 성품이기에 삼라만상을 윤택케 하나니, 갑오년 한 해엔 물과 같은 덕행으로 고통 받고 소외된 이웃이 없도록, 서로 다투는 이웃이 없도록 서로를 내 몸같이 사랑하고 용서하며 통일과 세계평화를 앞당깁시다.

人貧智短 馬瘦毛長   〈인빈지단 마수모장〉

사람이 빈한하게 사는 것은 지혜가 짧기 때문이고, 말이 야위면 털이 길다고 하였습니다.

나고 날 적마다 출세와 복락을 누리기를 염원한다면, 우리 모두 일상생활 속에 '부모에게 나기 전에 어떤 것이 참나인가?' 하고 오매불망 간절히 의심하고 또 의심하여 진정한 참나를 찾아야 합니다.

참나 가운데 큰 지혜가 있고, 참나 가운데 큰 복과 큰 덕이 갖추어져 있으니, 영원한 자유와 영원한 행복을 함께 누립시다.

불기 2558(2014)년 갑오년 새아침

대한불교조계종 종정 진제 법원

· 3 ·

불기 2560(2016)년 병신년 신년 법어

새아침!

무차(無遮)의 붉은 태양이 힘차게 떠올라 깨달음과 지혜의 광명이 비추니 마을마다 황금빛 서기(瑞氣)가 감돌고 집집마다 가슴 열리는 웃음이 넘쳐납니다.

새해에는 좋은 인연을 만들어 갑시다. 남에게 즐거움을 주고 괴로움은 덜어주며, 더불어 기뻐하고 함께 하는 것에 나의 행복이 있습니다. 온 세상이 인드라망이요, 우주만유가 연기(緣起)로 이루어졌기에, 서로가 서로에게 관계되어 있음을 잊지 말아야 합니다. 인간과 인간의 관계에서, 인간과 자연과의 관계에서 서로가 인정하고 존중하고 배려할 때 자신이 인정되고 존중되고 배려된다는 것을 알아야 합니다.

　자비희사(慈悲喜捨)의 마음이 더불어 함께 하는 마음입니다. 새해에는 총칼이 녹여져 호미와 낫이 되게 하고, 대립과 증오가 변하여 자비와 화합이 되어 전쟁과 공포와 고통이 없는 평화로운 지구촌이 되기를 다 함께 기도합시다.

　새해에는 '참나'를 바로 봅시다. 참나 속에 큰 지혜가 있고, 참나 속에 행복이 있고, 참나 속에 큰 평화가 있습니다. 참나에서 대동(大同)과 소강(小康)도 비롯됩니다.
　곤강(崑崗)의 보옥(寶玉)도 탁마(琢磨)치 아니하면 가치 있는 보배를 이룰 수 없는 것처럼, 참나를 깨닫는 수행을 절차(切磋)치 아니하면 어찌 가없는 생사(生死)의 바다를 건너겠습니까?
　나고 날 적마다 영원한 행복과 복락을 누리고자 한다면, 우리 모두 일상생활 속에서, '부모에게 나기 전에 어떤 것이 참나인가?' 하고 오매불망 간절히 의심하고 또 의심하여 진정한 참나를 깨달아야 합니다.

　새해의 새마당으로 모두 함께 나아가서 각자의 분(分)을 지켜 책임을 다합시다. 새아침의 태양빛이 온 대지를 비추듯이 부처님의 사무량심이 소외되고 고통 받는 이웃에게 두루하니, 동과

서가 하나 되고 남과 북이 합심하여 통일을 염원할 때 태평가를 울리는 통일국가 일등국민이 될 것입니다.

無雲生嶺上 　　　　〈무운생령상〉

唯月落波心 　　　　〈유월낙파심〉

구름이 없으니 산마루가 드러나고

오직 밝은 달은 물결 위에 떠 있음이라.

불기 2560(2016)년 병신년 새아침

대한불교조계종 종정 진제 법원

4

불기 2561(2017)년 정유년 신년 법어

붉은 닭이 큰 울음소리로 정유년(丁酉年)의 새벽을 여니, 동녘 하늘에 붉은 해가 떠올라 새해가 밝아 옵니다.

새해에는 찬란한 광명이 어둠을 삼켜버리듯 사바세계에 가득한 아집과 독선, 갈등과 투쟁의 어둠이 사라지고 정의와 평등, 자유와 평화가 충만하여 모든 인류가 행복하게 살기를 기원합니다.

과학의 발전과 물질의 풍요는 역설적으로 극심한 경쟁과 자연 파괴를 초래하게 되었습니다.

극심한 경쟁과 환경의 공해는 이기적 탐욕과 물질추구의 전도된 가치관으로 자신을 돌아보지 못하고 앞으로만 치달려온 결과입니다.

새해에는 마음의 눈을 뜨고 인간본성을 회복합시다. 마음의 눈을 뜨고 실상을 바로 보면 사람 사람마다 진리의 주인공입니다.

우리의 본마음은 허공보다 넓고, 바다보다 깊고, 태양보다 밝습니다. 이 마음을 닦아 본마음을 깨달으면 큰 지혜와 큰 자비가 구족(具足)하고 그 속에 자유와 평화가 충만한 행복이 있습니다.

나고 날 적마다 참다운 행복과 안락을 누리고자 한다면, 우리 모두 일상생활 속에서 '부모에게 나기 전에 어떤 것이 참나인가?' 하고 오매불망 간절히 의심하고 또 의심하여 진정한 참나를 깨달아야 합니다.

중국의 송나라 시대에 소동파(蘇東坡)는 당나라·송나라 8대 문장가에 속한 대학자였는데, 어느 날 세상의 문장과 재주, 식견이 별것이 아니라는 것을 깨닫고 이후로는 참선수행에 몰두했습니다.

하루는 노산(崂山) 흥륭사(興隆寺)에 상총(常聰) 선사라는 안목 (眼目)이 고준한 선지식이 계신다는 소문을 듣고 찾아가게 되었습니다.

선사께 예를 올리고 말하였습니다.

"선사님의 법문을 들으러 왔습니다."

이에 상총 선사께서 물으셨습니다.

"그대는 어째서 유정설법(有情說法)만 들으려 하고 무정설법 (無情說法)은 들으려 하지 않는고?"

소동파는 선사의 물음에 큰 충격을 받았습니다. '생각과 정이 있는 유정물 뿐만 아니라, 산이나 바위나 나무 같은 무정물도 설법을 한다'는 충격적인 말씀에 의심이 깊게 사무치게 되었는데, 친견하고 일어나 말을 타고 집으로 돌아오면서 온 몸과 온 마음이 이 의심으로 가득 차게 되었습니다.

말 등에 앉아 집으로 돌아오는 동안에 소동파는 그 생각에 깊이 빠져서 문득 의심삼매(疑心三昧)에 든 것입니다.

'어떻게 무정물이 진리를 설할 수 있는가? 왜 나는 그것을 듣지 못하는가?' 그렇게 수십 리 먼 길을 말을 타고 돌아가다가 산모퉁이를 도는 순간, 산골짜기에서 짚동 같은 폭포수가 떨어지는 소리에 크게 깨달아 마음의 고향을 보게 되었습니다.

그리하여 게송을 지었습니다.

溪聲便是廣長舌　　〈계성변시광장설〉
山色豈非淸淨身　　〈산색기비청정신〉
夜來八萬四千偈　　〈야래팔만사천게〉
他日如何擧似人　　〈타일여하거사인〉

산골짜기에 흐르는 물소리가 팔만사천 지혜의 말씀인데
산색이 어찌 부처님의 청정한 몸이 아니겠는가!
밤이 옴에 팔만사천 법문을
다른 날에 어떻게 사람에게 들어서 보일꼬.

　이후로 소동파는 남은 생을 마음의 고향에서 지혜와 자비로
안락한 삶을 누리며 살았습니다.

　천지가 나와 더불어 한 근원이요, 만물이 나와 더불어 한 몸
입니다. 우리는 한 형제요, 한 가족이요, 한 민족입니다. 산하
대지와 산천초목이 제각각 진리를 표현하고 그 존재가치가 있
습니다.

　우리는 자연과 조화 속에 주위사람과 더불어 살아가야 합니
다. 상호관계 속에 서로를 인정하고 도움을 주고받으며 살아야
합니다. 이러한 상생과 공존 속에 원숙한 사회가 이루어지고 진
정한 행복이 성취되는 것입니다. 평화와 자유는 반목과 대립으
로는 결코 이루어질 수 없습니다. 상호존중과 자비연민이 실현
되어야 할 까닭이 여기에 있습니다. 내 허물을 성찰하고 국리민

복(國利民福)을 염원하며 국민을 하늘같이 섬길 때 국민이 주인
되는 진정한 민주국가가 건설됩니다.

새해에는 자기를 성찰하고 타인에게는 자비연민을 베풀어 원
융화합의 사회를 만들어 갑시다.

붉은 해가 떠오르니 온 세상이 찬란한 화장세계(華藏世界)요,
나날이 설날이며 시시(時時)가 태평성세(太平盛世)로다.

부모에게 나기 전에 어떤 것이 참나인가?

불기 2561(2017)년 정유년 새아침
대한불교조계종 종정 진제 법원

5

불기 2565(2021)년 신축년 신년 법어

人生百年如浮雲   〈인생백년여부운〉

箇中有人勤精進   〈개중유인근정진〉

忽忙之中明此事   〈홀망지중명차사〉

歷劫不昧安穩樂   〈역겁불매안온락〉

인생 백 년이 뜬구름과 같으나

그 가운데 부지런히 정진하는 사람이 있어

바쁜 중에도 이 일을 밝혀낸다면

역겁에 매하지 않고 편안한 낙을 누리리라.

나날이 새아침이건만 묵은해를 보내고 신축년(辛丑年)의 새아침에, 떠오르는 광명(光明)이 부처님의 법음(法音)으로 화(化)하여 천둥으로 울리고 번개의 섬광(閃光)으로 온 세상에 무차(無遮)로 비추니, 산하대지(山河大地)가 그대로 화장세계(華藏世界)이고 태평성세(太平盛世)입니다.

거년(去年)에 전 세계적으로 발생한 질병은, 인간내면의 정신세계를 등한시하고 오직 물질과 편의만을 추구한 인간의 극단적 이기심과 탐욕심으로 인한 무한경쟁과 생태계의 파괴와 환경오염의 결과입니다. 이로 인해 전 세계는 공포와 고통의 깊은 계곡을 지나고 있습니다.

우주법계는 인드라망이요, 연기(緣起)로 이루어졌습니다. 온 세계가 한 집안이요, 만 가지 형상이 나와 둘이 아니라 한 몸입니다.
인간과 인간, 인간과 자연은 유기적 관계이므로 상대를 먼저 존중하고 배려하는 것이 곧 자신을 존중하고 배려하는 것입니다.
이웃 없이 나만 홀로 존재할 수 없고, 땅을 딛지 않고는 살아갈 수 없습니다. 환경과 생태의 파괴는 곧 인류의 자기 훼손입니다.
새해에는 세상의 모든 갈등과 반목, 대립과 분열을 물리치고 서로를 이해하고 배려하고 인정하는 원융(圓融)과 상생(相生)의 길로 나아갑시다.

특히 어려운 상황일수록 주위의 소외되고 그늘진 곳에서 고통 받는 이웃과 함께 합시다. 동체대비(同體大悲)의 마음으로 나 혼자의 행복이 아니라, 소외되고 그늘진 곳의 이웃과 더불어 함께하는 상생행복(相生幸福)을 만들어 갑시다.

나고 날 적마다 참다운 행복과 안락을 누리고자 한다면, 우리 모두 일상생활 속에서, '부모에게 나기 전에 어떤 것이 참나인가?' 하고 간절히 참구하고 또 참구하여 진정한 참나를 깨달아야 합니다.

우리의 본마음은 허공보다 넓고 바다보다 깊고 태양보다 밝습니다.

이 마음을 닦아 참나를 깨달으면 그곳에는 시비(是非)도 없고 분별도 없고 갈등도 없고 대립도 없는 평화와 행복이 가득합니다.

불기 2565(2021)년 신축년 새아침
대한불교조계종 종정 진제 법원

3부

부처님 오신 날

봉축 법어

· 1 ·

불기 2557(2013)년 계사년
부처님 오신 날 봉축 법어

〔 상당(上堂)하시어 주장자(拄杖子)를 들어 대중에게 보이시고, 〕

世尊未離兜率 已降王宮   〈세존미리도솔 이강왕궁〉

未出母胎 度人已畢   〈미출모태 도인이필〉

低聲低聲   〈저성저성〉

세존께서 도솔천궁을 여의지 아니하고

이미 왕궁에 내리시고,

모태에서 나오지 아니하사

사람들을 제도해 마침이라 하니,

소리를 낮추고 소리를 낮추소서.

아시겠습니까?

여기서 분명히 알아갈 것 같으면 부처님과 더불어 동참하리라.

부처님께서 마야부인 태중에서 나와 첫 일곱 걸음을 걸으신 후, 한 손은 하늘을 가리키고 한 손은 땅을 가리키며 말씀하시기를,

"하늘 위 하늘 아래 나만이 홀로 높도다.[천상천하 유아독존(天上天下 唯我獨尊)]이라," 하심이여, 참으로 희유하고 희유하십니다.

부처님께서 전생으로부터 깨달은 진리는 입태(入胎)와 출태(出胎)에 걸림이 없어 항상 밝아 있습니다.

그리고 난 뒤, 부처님께서 말씀하시기를,

"중생의 삶이 다 고통의 바다이니, 내 이를 마땅히 편안케 하리라!"

하고 큰 서원을 세우셨습니다. 만 중생을 고해(苦海)에서 건지리라는 대서원이셨으니, 우리 모든 불자들이 따르고 생활화 해야 할 표본입니다.

부처님께서는 이와 같이 만 중생들에게 위없는 진리의 대도(大道)를 깨달아 고해의 바다에서 영구히 벗어나는 길을 가르치기 위해 출세하신 것입니다.

세상 사람들이여,

이 같은 부처님의 한량없는 은혜를 갚고자 할진대, 한편으로

는 일체중생을 내 몸같이 사랑하여 아끼고, 다른 한편으로는 일상생활 속에 참나를 찾아야 합니다.

부처님의 깨달은 진리가 참나 가운데 다 갖추어져 있으니, 모든 분들이 일상생활 속에 참나를 깨달아 만 사람을 진리의 국토에 이르게 하는 것, 이것이 부처님의 은혜를 온전히 다 갚는 단 하나의 길입니다.

세상 사람들이여,
우리 인생은 어디에서 왔으며 또 어디로 가는고?
망망대해(茫茫大海)에 한 점의 나뭇잎과 같고,
허공에 모였다 흩어지는 구름과 같음이로다.

부처님의 깨달은 진리를 알고자 할진대 일상생활 속에, '부모에게 나기 전에 어떤 것이 참나인가?' 하고 간절하게 의심하고 의심해야 합니다.

이번 생에 참나를 알지 못하면 다음 생에 좋은 몸 받아 또다시 이 법을 만난다는 보장이 없습니다.

백년을 산다 한들 이 법을 모른다면 아무런 가치가 없는 삶이요, 하루를 살아도 이 법을 알고 죽는다면 이보다 가치 있는 삶은 없습니다. 그러니 하루에도 천번 만번 '부모에게 나기 전에 어떤 것이 참나인가?' 하고 간절하게 의심하여 진정 가치있는 삶을 만들어 갑시다.

모든 국민들이시여,

남(南)과 북(北)의 군사적 대립이 갈수록 심화되고, 경제 또한 안팎으로 어려움에 봉착한 이 난국(難局)에, 모든 분들이 일심 (一心)으로 하나 되어 새롭게 출범한 정부의 역량을 굳게 믿고 각자의 직분에 충실한다면, 경제와 국방이 더욱 견실해져서 보다 빨리 이 난국을 헤쳐나갈 것이며, 민족의 염원인 남북의 평화통일은 성큼 다가올 것입니다.

여러분, 인류가 만든 가장 위험한 물건인 핵무기는 지구상에서 사라져야 합니다. 그런데도 북한이 핵폭탄을 만들어 만 사람을 불안케 하는 것은 인류의 생존을 위협하는 것입니다.

손바닥만한 작은 나라에서 남과 북이 양분되어 서로 비방하니 오천년 역사가 부끄럽습니다. 그러니 우리 모두 부처님같은 대자대비의 용심(用心)을 내어 남과 북이 상부상조하면서 살아가도록 모책(謀策)해야 합니다. 그래서 우리강산의 통일을 앞당깁시다.

나아가 모든 분들이 일상생활 가운데 참선을 생활화 하여 인류의 정신문화를 선도하고 세계평화에 기여하는 일등국가가 되고 일등국민이 되기를 바라는 뜻에서, 금일을 봉축하여 만인에게 진리의 한마디를 선사합니다.

春三月好時節 〈춘삼월호시절〉

鷓鴣啼處百花香 〈자고제처백화향〉

춘 삼월 좋은 시절에

자고새가 우는 곳에 일백 가지 꽃이 향기롭도다.

불기 2557(2013)년 계사년 부처님 오신 날

대한불교조계종 종정 진제 법원

· 2 ·

불기 2561(2017)년 정유년
부처님 오신 날 봉축 법어

〔 상당(上堂)하시어 주장자(拄杖子)를 들어 대중에게 보이시고, 〕

부처님께서 사바세계에 탄생하실 적에

마야부인 옆구리로 금빛 몸 나왔으니

아홉 용이 한꺼번에 향수를 뿌렸네.

성큼성큼 사방으로 걸음하니 둘레에는 연꽃이 솟아올랐네.

최후로 제일기(第一機)의 법(法)을 베푸니

하늘 위와 하늘 아래 오직 나만이 홀로 높음이라 하심이여!

[天上天下 唯我獨尊]

고금(古今)을 통해 이를 지나갈 자 누가 있으리오.

거룩하고 거룩하십니다.

오늘은 석가모니 부처님께서 무명(無明)의 사바세계에 사는 모든 인류에게 지혜의 광명을 선사한 날입니다. 고통의 바다에 빠진 중생들을 위해 대자대비(大慈大悲)의 연민으로 참된 본래 면목(本來面目)을 모든 사람들에게 천명하신 날입니다.

모든 인류시여!

큰 지혜와 공덕을 누리고저 할진대, 일상생활 속에서 오매불 망 간절히 '부모에게 나기 전에 어떤 것이 참나인가?' 하고 의심 하고 의심할지어다.

금생에 지혜의 눈을 갖추지 못한다면 어느 생에 다시 부처님 법을 만날 수 있으리오!

필경일구(畢竟一句)는 어떻게 생각하십니까?

萬古碧潭空界月   〈만고벽담공계월〉
再三撈漉始應知   〈재삼로록시응지〉
만년이나 오래된 푸른 못에 허공중의 달은
두 번 세 번 건져 봐야사 비로소 알리라.

244

불기 2561(2017)년 정유년 부처님 오신 날

대한불교조계종 종정 진제 법원

· 3 ·

불기 2562(2018)년 무술년
부처님 오신 날 봉축 법어

〔 상당(上堂)하시어 주장자(拄杖子)를 들어 대중에게 보이시고, 〕

오늘은 석가모니 부처님께서 사바세계에 나투신
경이(驚異)와 찬탄(讚嘆)과 환희(歡喜)의 날입니다.
부처님께서 처음 일곱 걸음을 걸으신 후,
한 손으로는 하늘을 가리키고, 또 한 손으로는 땅을 가리키며,
'천상천하 유아독존(天上天下 唯我獨尊)'의 일성(一聲)을 토(吐)하
셨습니다.

이는 만천하에 본래부처를 선언하심이요,

생명의 존엄(尊嚴)과 천부적(天賦的) 자유를 내보이시어 일체의 중생들을 생사윤회(生死輪廻)의 고통에서 구제(救濟)하고, 본래의 성품인 참나를 밝혀 행복하게 사는 아름다운 세상을 시현(示現)한 것입니다.

모든 불자들이 연등을 밝혀 부처님을 맞이하는 이 수승한 인연이 지구상 모든 이웃의 아픔과 슬픔을 함께하며 그 고통을 대신하는 동체대비(同體大悲)의 대승보살도(大乘菩薩道)가 국민통합으로 회향하는 공덕이 될 것입니다.

한반도는 분단과 대치, 긴장과 대결의 상태가 70년간 이어져 오고 있습니다. 하지만 우리는 같은 언어를 사용하고 동일한 문화와 역사를 가진 민족이기에 대화와 화해를 통한 평화의 길은 항상 열려 있습니다.

불교는 1,700년간 우리 민족정신문화의 근간이었기에 우리 남북한 민족의 유전자에는 불교가 깊이 내재되어 있습니다.

남북이 진정으로 하나되는 길은 우리 모두가 참선수행으로 우리의 마음속에 있는 갈등과 불신을 없애고, 서로를 이해하고 배려하여 민족의 동질성을 회복하는 데에 있습니다. 평화와 행복은 내면에서부터 이루어지는 것입니다.

모든 인류시여!

부처님께서 깨달으신 진리를 알고자 할진대, 일상생활 속에서 '부모에게 나기 전에 어떤 것이 참나인가?' 하고 이 화두를 간절히 의심하고 또 의심해야 합니다.

진리의 세계에는 나와 남이 따로 없고 시기와 질투, 갈등과 대립이 없으니, 어찌 남을 내 몸처럼 아끼고 사랑하지 않겠습니까?

진흙 속에서 맑고 향기로운 연꽃이 피어나듯, 혼탁한 세상일수록 부처님의 지혜를 등불로 삼아야 합니다.

모든 불자와 국민, 그리고 온 인류가 참나를 밝히는 수행으로 마음에 밝은 지혜와 자비의 등불을 밝혀 행복한 가정, 아름다운 사회, 평화로운 세계를 만들어 갑시다.

부처님 오신 날을 맞아 만인에게 진리의 한마디를 선사하겠습니다.

長安萬里千萬戶　　　〈장안만리천만호〉

鼓門處處眞釋迦　　　〈고문처처진석가〉

마음 고향의 집집마다 문을 두드리니

나오는 이가 모두 석가모니 부처님이요, 문수보살, 보현보살이로다.

이러한 좋은 부처님의 진리를 다 같이 잘 받들어 행합시다.

불기 2562(2018)년 무술년 부처님 오신 날

대한불교조계종 종정 진제 법원

불기 2563(2019)년 기해년
부처님 오신 날 봉축 법어

〔상당(上堂)하시어 주장자(拄杖子)를 들어 대중에게 보이시고, 〕

마야부인 태중(胎中)에서 출태(出胎)하여 일곱 걸음을 걸으시고,

　한 손은 하늘을 가리키고 또 한 손은 땅을 가리키면서

　하늘 위와 하늘 아래에 나만이 홀로 높음이로다.

장하고 장하십니다.

우리 모든 인류시여!

합장예배를 올립시다.

그러나 자세히 점검컨대, 다리 아래 삼척(三尺)이로다.

대중은 아시겠습니까?

오늘은 좋은 날입니다. 석가모니 부처님께서 사바(娑婆)에 출현하심을 찬탄하는 축제를 여니 이 얼마나 아름답고 경이롭습니까. 부처님의 차별 없는 자비(慈悲)로 일체중생을 교화하니 지옥문도 사라지고 유정(有情)들도 무정들도 법열(法悅)로 가득하니, 시시(時時)로 좋은 날이고, 일일(日日)이 행복한 날입니다.

모든 불자들은 부처님께서 대자대비로 사바에 나투심에 환희찬탄하며 기도합시다. 나만이 아닌 우리를 위해 동체(同體)의 등을 켜고, 내 가족만이 아닌 어려운 이웃을 위해 자비(慈悲)의 등을 켜고, 국민 모두가 현재의 어려운 상황 속에서 희망(希望)의 등을 켭시다.

우리 모두가 마음과 마음에 지혜의 등불을 밝혀 어두운 사바에서 길을 잃고 헤매는 또 다른 나를 위해 광명이 되고, 이 사회의 등불이 됩시다.

우리나라는 눈부신 경제발전으로 생활수준이 향상되었지만 많은 국민들은 행복하지 않습니다. 과학과 기술의 발전으로 물질은 풍족하지만 더불어 가치는 전도되었습니다. 물질우선의 가치관으로 갈등과 경쟁은 심화되고 서로가 서로에게 고통과 좌절을 주지만 누구도 이 아픔을 보듬고 위무(慰撫)해 주지 못하고 있습니다.

지구촌 곳곳은 배타적 종교와 극단적 이념으로 테러와 분쟁이 나날이 늘어가고 있습니다. 원한과 보복으로는 이 문제를 해결할 수 없습니다. 지구촌의 진정한 평화는 어떤 무력이나 현란한 정치나 어느 한 이념으로써 가능한 것이 아닙니다.

인류는 개개인 스스로가 바깥으로 치닫는 마음을 안으로 돌이켜 자성(自性)을 밝혀야 합니다. 본래 나와 남이 둘이 아니며, 원래 옳고 그름이 없는 것입니다. 자신의 본질인 마음은 찾지 않고, 영원히 살 것처럼 하루하루를 현상(現象)을 좇아 살아가는 것은 참으로 안타까운 일입니다.

이 육신(肉身)은 백 년 이내에 썩어서 한 줌 흙으로 돌아가면 아무 것도 없습니다. 그러니 모든 이들은 일상생활 하는 가운데, '부모에게 나기 전에 어떤 것이 참나인가?' 하는 이 화두를 들고 오매불망 간절히 참나를 찾아야 합니다.

누구라도 마음의 고향에 이르게 되면, 나와 남이 없어지고 자연과 내가 하나되어 온 인류가 한 가족이요, 온 우주가 한 몸이 되어 버립니다. 그러면 처처(處處)가 극락정토요, 물물(物物)이 화장세계이니 자연히 대자유와 대안락과 대지혜를 영원토록 누리게 되는 것입니다.

모든 불자와 국민, 그리고 온 인류가 참나를 밝히는 수행으로 지혜와 자비가 가득한 행복한 가정, 아름다운 사회, 평화로운 세계를 만들어 갑시다.

불기 2563(2019)년 기해년 부처님 오신 날
대한불교조계종 종정 진제 법원

· 5 ·

불기 2565(2021)년 신축년
부처님 오신 날 봉축 법어

〔상당(上堂)하시어 주장자(拄杖子)를 들어 대중에게 보이시고,〕

일과명주(一顆明珠)를 아는 이가 이 세상에 몇몇이나 될꼬.

우리 부처님께서 일과명주를 뚜렷이 증득하여 도솔천에 계시다가 사바세계의 인연에 수순하여 백상(白象)을 타고 마야부인의 태중(胎中)에 잉태하여 열 달만에 우협(右脇)으로 출태(出胎)하심이라. 즉시 일곱 걸음 걸으신 후,

한 손으로는 하늘을 가리키고 또 한 손으로는 땅을 가리키면서 제일기(第一機)의 법(法)을 베푸시니,

'하늘 위와 하늘 아래 오직 나만이 홀로 높음이라' 하심이라.

[天上天下 唯我獨尊]

고금(古今)을 통하여 이를 지나갈 자 누가 있으리오.

거룩하고 거룩하십니다.

모든 인류시여!

합장예경합시다.

그러나 자세히 점검컨대, 다리 아래 삼척(三尺)이로다.

대중은 아시겠습니까?

이렇게 독특한 안목(眼目)으로 진리를 제시하고 세세생생 밝아 있는 것은 오직 불교뿐이라.

오늘은 부처님께서 대자대비로 무명(無明)의 사바세계에 지혜의 광명으로 강탄(降誕)하신 날입니다. 차별 없이 일체중생을 교화하니 지옥문도 사라지고 유정(有情)들도 무정들도 법열(法悅)로 가득하니 시시(時時)가 호시(好時)이고, 일일(日日)이 환희가 충만한 날입니다.

온 지구촌이 거년(去年)부터 코로나 질병으로 죽음의 공포와 고통 속에 빠져있습니다. 이는 '인간우월적 사고'라는 어리석은 생각으로 인간이 자연을 훼손하고 생태계를 파괴한 당연한 결과입니다. 자연과 인류는 상생(相生)하는 존재입니다. 이 자연은 우리의 조상들이 건강하고 깨끗하게 보존하기를 기원하며 물려준 것이며, 또한 우리도 미래의 후손에게 온전하게 물려주어야 할 것입니다. 코로나 질병으로 자연과 인간이 얼마나 밀접하게 연결되어 있는지를 깨닫는 계기가 되어야 합니다.

부처님 오신 날에 사부대중이 부처님 전에 등(燈) 공양을 올리는 것은 깊은 신심(信心)으로 부처님을 찬탄하고 예경하는 것이고, 개개(箇箇)의 마음에 미혹과 무명(無明)을 몰아내는 지혜를 닦는 것입니다.

모든 인류시여!

나고 날 적마다 질병과 고통에서 벗어나서 출세와 복락을 누리고자 할진대, 일상생활 속에서 '부모에게 나기 전에 어떤 것이 참나인가?' 하는 이 화두를 들고 오매불망 의심하고 의심하여 일념(一念)이 지속되게 혼신의 노력을 하십시오. 부처님의 그 일과명주를 증득함으로써 자유와 대안락을 누리고 부처님의 은혜를 갚고 하늘세계와 인간세계의 지도자가 될 것입니다.

필경(畢竟)에 부처님의 일구(一句) 진리를 선사합니다.

一把柳條收不得　　　　〈일파유조수부득〉

和風搭在玉欄干　　　　〈화풍탑재옥난간〉

한 주먹 버들가지 잡아 얻지 못해서

봄바람에 옥난간에 걸어 둠이로다.

불기 2565(2021)년 신축년 부처님 오신 날

대한불교조계종 종정 진제 법원

· 4부 ·

국제무차수륙천도대법회

법어

〔상당(上堂)하시어 주장자(拄杖子)를 들어 대중에게 보이시고,〕

전 세계 코로나로 희생된 모든 영가! 금일 천도대법회에 동참한 모든 영가!

산승의 고준한 법문을 듣고 모든 고통을 여의고 부처님 국토 극락세계에서 편안한 진리의 낙을 누리기를 바라는 뜻에서 이 법문을 선사하고자 하오니, 잘 받아 가지소서.

世與靑山何這是   〈세여청산하자시〉
春成無處花不開   〈춘성무처화불개〉

세상과 청산 중 어느 것이 좋으냐?
봄이 오니 꽃 피지 않는 곳이 없도다.

근년(近年)에 전 세계적으로 발생한 코로나 질병은, 과학과 기술의 발전에 도취하여 인간내면의 정신세계는 등한시하고 오직 물질과 편의(便宜)만을 추구한 인간의 극단적 이기심과 탐욕심으로 인한 무한경쟁과 생태계의 파괴와 환경오염의 결과입니다.

이로 인해 전 세계는 공포와 고통의 깊은 계곡을 지나고 있습니다. 이제 여명(黎明)과 함께 일상의 빛이 보이고 있습니다.

우주법계는 연기(緣起)로 이루어진 인드라망입니다. 온 세계가 한 집안이요, 만 가지 형상이 나와 더불어 둘이 아니라 한 몸입니다. 인간과 인간, 인간과 자연은 유기적 관계이므로 상대를 먼저 존중하고 배려하는 것이 곧 자신을 존중하고 배려하는 것입니다. 이웃 없이 나만 홀로 존재할 수 없고, 땅을 딛지 않고는 살아갈 수 없습니다. 환경과 생태의 파괴는 곧 인류의 자기 훼손입니다.

이 자연은 우리의 조상들이 건강하고 깨끗하게 보존하기를 기원하며 물려준 것이고, 또한 우리도 미래의 후손에게 온전하게 물려주어야 할 책임이 있는 것입니다. 이번 코로나 질병으로 자연과 인간이 얼마나 밀접하게 연결되어 있는지를 깨닫는 계기가 되어야 할 것입니다. '인간우월적 사고(思考)'는 어리석은 생각으로, 결국 자연을 훼손하고 생태계를 파괴하는 결과를 초래할 뿐입니다. 자연과 인류는 상생하는 존재임을 잊어서는 안 될 것입니다.

세상의 모든 갈등과 반목, 대립과 분열을 물리치고 서로를 이해하고 배려하고 인정하는 원융과 상생의 길로 나아갑시다.

특히 어려운 상황일수록 주위의 소외되고 그늘진 곳에서 고통받는 이웃과 함께 합시다. 동체대비의 마음으로 나 혼자의 행복이 아니라, 이웃과 더불어 함께 하는 상생행복을 만들어 갑시다.

지구촌의 모든 인류시여, 모든 영가시여! 나고 날 적마다 출세와 복락을 누리고자 할진대, 모든 분들이 일상생활 속에 '부모에게 나기 전에 어떤 것이 참나인가?' 하고 간절히 참구하여 '참나'를 깨달아야 합니다.

우리의 몸은 백 년 이내에 썩어서 한 줌 흙으로 돌아가면 아무 것도 없습니다. 그러므로 이 몸은 '참다운 나'가 아닙니다. 부모에게 이 몸 받기 전에 어떤 것이 참나이겠습니까? 일상생활 하는 그 가운데, '부모에게 나기 전에 어떤 것이 참나인가?' 하는 이 화두를 들고 오매불망 간절히 '참나'를 찾아야 합니다.

화두를 챙기고 간절한 의심을 쭈욱 밀어주고, 또 챙기고 의심을 밀어주기를 하루에도 천번 만번 해서 화두의심 한 생각이 흐르는 물처럼 끊어짐이 없도록 해야 합니다. 그렇게 끊임없이 챙기고 밀어주다 보면 문득 참의심이 발동 걸리게 됩니다. 그러면 사물을 봐도 본 줄을 모르고 소리를 들어도 들은 줄을 모르게 되니, 흡사 돌과 같고 나무토막과 같이 됩니다.

그렇게 화두일념에 푹 빠져서 며칠이고 몇 달이고 시간이 흐르고 흐르다가, 문득 사물을 보는 찰나에 소리를 듣는 찰나에 화두가 박살이 남과 동시에 비로소 '참나'가 훤히 드러나게 됩니다. 그러면 한 걸음도 옮기지 않고 마음의 고향에 이르게 되고, 역대의 모든 성인들이 베풀어 놓은 수많은 진리의 법문을 한 꼬챙이에 다 꿰어버리게 됩니다. 그리하여 마침내 이 마음의 고향에서 대자유와 대안락과 대지혜를 영원토록 누리게 되는 것입니다.

이렇게 마음의 근본고향을 바로 알아 진리의 세계를 깨닫게 되면 탐욕, 성냄, 어리석음과 '나'라는 허상이 다 사라져 온 인류가 한 가족이요, 온 우주가 나와 함께 한 몸이 되어 버립니다. 나와 남이 둘이 아니기 때문에 남보다 더 가지려는 탐욕도 없고, 성냄도 없고, 자연과 조화롭게 하나가 되어 항상 편안한 삶을 영위하게 됩니다.

우리의 본마음은 허공보다 넓고, 바다보다 깊고, 태양보다 밝습니다. 이 마음을 닦아 참나를 깨달으면 그곳에는 시비도 없고, 분별도 없고, 갈등도 없고, 대립도 없고 오직 평화와 행복만이 가득합니다.

일과명주(一顆明珠)가 있으니, 이 하나의 밝은 구슬을 아는 이가 이 세상에 몇몇이나 될꼬? 이천오백 년 전에 우리 부처님께서 일과명주를 뚜렷이 증득하여 만 중생에게 가지가지의 행복을 선사함이로다.

모든 대중이시여!

布施供養福無邊　　　　　〈보시공양복무변〉

心中三惡元來造　　　　　〈심중삼악원래조〉

보시하고 공양하는 것은 복이 한량이 없음이나

마음 가운데 탐하고, 성내고, 어리석음은 항시 짓고 있다.

이러한 법회에 다다라서 위로는 삼세의 모든 부처님께 공양을 올리고, 아래로는 모든 중생들에게 공양을 올리는 것은 복이 한량이 없습니다.

그러나 그 가운데 탐하고, 성내고, 어리석음 이 세 가지 죄를 항시 짓고 있습니다.

이 세 가지 뿌리를 뽑고자 할진대, 모든 불자들은 '부모에게 나기 전에 어떤 것이 참나인가?' 하는 이 화두를 오매불망 의심하고 의심해서 일념이 지속되게끔 혼신의 노력을 다할지어다.

석가모니 부처님 이후로 가장 위대한 도인은 마조 선사라고 역대의 선지식들께서 이구동성으로 평을 하셨습니다.

마조 선사가 회상을 여니 승속을 막론하고 많은 대중이 모여들었습니다. 그리하여 마조 선사의 지도하에 84인의 도인 제자가 나왔습니다. 그러나 그 가운데 확철대오한 분은 남전 선사, 서당 선사, 백장 선사 등 4~5인에 불과합니다.

마조 선사께서 어느 달 밝은 밤에, 제자인 남전 선사, 서당 선사, 백장 선사를 데리고 도량을 거닐면서 이르셨습니다.

"그대들이 이제까지 수행한 바를 저 밝은 달을 가리켜 한마디씩 일러 보게."

그러자 서당 지장 스님이 "바로 공양하는 때입니다."라고 답했고,

백장 회해 스님은 "바로 수행하는 때입니다."라고 답했습니다.

그런데 남전 보원 스님은 아무 말 없이 양팔을 흔들면서 그냥 가버렸습니다.

마조 선사께서 세 제자의 답처를 점검하여 이르시기를, "경(經)은 지장(智藏)에게 돌아가고, 선(禪)은 백장(百丈)에게 돌아가는데, 남전(南泉)만이 홀로 형상 밖으로 뛰어났구나." 하고 남전 스님을 칭찬하셨습니다.

이 도인 문중에서는 진리의 물음에 한마디 답을 하기도 쉽지 않거니와, 그 답처를 꿰뚫어 상대방의 살림살이를 점검한다는 것은 더더욱 어려운 일입니다.

그렇다면 남전 스님이 양팔을 흔들면서 그냥 가버린 뜻은 어디에 있는가?

만약 시회대중 가운데 이 뜻을 아는 자가 있을 것 같으면, 산

승이 이 주장자를 두 손으로 전하겠습니다.

하루는 마조 선사의 제자인 남전 선사, 귀종 선사, 마곡 선사 세 분이 남양 혜충 국사를 친견하기 위해 길을 나섰습니다. 당시는 마조 선사, 석두 선사, 혜충 국사, 이 세 분 선사께서 삼각을 이루어 선풍(禪風)을 크게 드날리시던 때였습니다. 그래서 용맹하고 당당한 사자의 조아(爪牙)를 갖춘 분이라도 으레 이 세 분 도인을 친견해서 탁마하여 인증을 받아야만 중국 천하를 횡행할 수 있었습니다.

며칠을 걸어가다가 어느 개울가에 이르니, 남전 선사께서 "다리도 아프고 피로하니, 개울가에서 잠깐 쉬어가세." 하시고는 길바닥에 커다란 원상(圓相)을 하나 그려놓고 말씀하셨습니다. "그대들이 이 원상에 대해서 한마디씩 분명히 이를 것 같으면 혜충 국사를 친견하러 가거니와, 바로 이르지 못할 것 같으면 친견하러 갈 수 없네."

이에 마곡 선사는 그 원상 안에 주저앉으셨고, 귀종 선사는 원상을 향해 여자 절을 한 자리 나부시 하셨습니다.

그 광경을 지켜보시던 남전 선사께서 말씀하셨습니다.
"그대들이 이렇게 이른다면 국사를 친견하러 갈 수 없네. 도로 돌아가세."

그러자 그 말 끝에 귀종 선사께서,

"이 무슨 심보를 행하는고?" 하고 한마디 던지셨습니다.

참으로 귀종 선사는 불조(佛祖)를 능가하는 안목이 있습니다.

시회대중은 아시겠습니까?

만약 '알았다'고 한다면, 이러한 차별삼매의 법문을 바로 보는 명철한 지혜의 눈을 갖추었는지, 선지식은 그 진위(眞僞)를 점검합니다.

세상 사람들은 다 속일 수 있을지라도 불법의 정안을 갖춘 선지식은 속일래야 속일 수가 없습니다.

그 낙처를 먼저 알고 있기 때문입니다.

그러므로 입을 여는 순간에 바로 그 진위를 척척 가려내지 못한다면, 아직 정안(正眼)을 갖추지 못하고 참학도중(參學途中)에 있는 것이니, 마땅히 다시 참구해야 합니다.

그러면 남전 선사께서 귀종 선사, 마곡 선사의 답처를 보시고 혜충 국사를 친견하러 갈 수 없다고 하셨는데, 시회대중은 남전 선사를 아시겠습니까?

〔 대중이 아무 말 없자 스스로 이르시기를, 〕

백주 대낮에 도적질을 하다가
도적의 몸이 드러나 간파 당함이로다.

세 분의 도인들이 한가하게 사는 세계를 아시겠습니까?

相喚相呼歸去來　　　　　〈상환상호귀거래〉
不覺露濕全身衣　　　　　〈불각로습전신의〉
서로 부르고 부르며 오가다가
전신이 이슬에 젖음을 깨닫지 못함이로다.

남전 선사께서 회상을 여니, 각처에서 스님네와 신도들이 모여들었는데, 하루는 한 노승이 10세 미만의 동자승을 데리고 남전 선사를 친견하러 왔습니다.

노스님이 먼저 남전 선사를 친견하고 청을 드리기를,
"제가 데려온 아이가 아주 영특한데, 저로서는 저 아이를 훌륭한 인재로 키울 능력이 없습니다. 그러니 스님께서 크신 법력으로 잘 지도해 주십시오."
하고는 물러 나와서 동자승을 조실방으로 들여보냈습니다.

동자승이 인사를 올리니, 남전 선사께서는 누워 계신 채로 인사를 받으며 물으셨습니다.

"네가 어디서 왔느냐?"

"서상원(瑞像院)에서 왔습니다."

"서상원에서 왔을진대, 상서로운 상을 봤느냐?"

"상서로운 상은 보지 못했습니다만, 누워 계신 부처님은 뵈었습니다."

남전 선사께서 누워 계시니 하는 말입니다.

남전 선사께서 이 말에 놀라 그제서야 일어나 앉으시면서 다시 물으셨습니다.

"네가 주인이 있는 사미냐, 주인이 없는 사미냐?"

"주인이 있습니다."

"너의 주인이 누구인고?"

"선사님, 정월달이 대단히 추우니 귀하신 법체(法體) 유의하옵소서."

그대로 아이 도인이 한 분 오신 것입니다.

남전 선사께서 기특하게 여겨 원주(院主)를 불러 이르셨습니다.

"이 아이를 깨끗한 방에 잘 모셔라."

이 사미승이 바로 조주(趙州) 스님인데, 이렇듯 10세 미만인데도 진리를 깨달아 다 알았던 것입니다.

이 부처님의 견성법은 한 번 확철히 깨달을 것 같으면, 몸을 천번 만번 바꾸어 와도 결코 매(昧)하지 않고, 항상 밝아 있어 그대로 생이지지(生而知之)입니다.

조주 스님은 여기에서 남전 선사의 제자가 되어 다년간 모시면서 부처님의 진안목(眞眼目)을 갖추어 남전 선사의 법을 이었습니다.

당시에 남전 선사 회상에는 칠백여 명의 대중들이 모여서 수행하고 있었습니다.

마침 사중(寺中)에 고양이가 한 마리 있었는데, 동서(東西) 양쪽 선원(禪院)의 대중들이 서로 자기네 선방 고양이라 주장하며 분분한 시비(是非)가 벌어졌습니다. 보다못한 남전 선사께서 운집종을 치라고 명령하시기에 이르렀습니다.

대중들이 모두 모이자, 남전 선사께서는 법상(法床)에 올라 시자에게 이르셨습니다.

"고양이를 잡아오고, 칼을 가져오너라."

시자가 고양이와 칼을 가져와 법상 앞에 올려놓으니, 남전 선사께서 고양이를 치켜들고 말씀하셨습니다.

"이 고양이로 인해서 늘 시비가 분분하니, 오늘 이 고양이를 두고 한마디 바로 이르는 자가 있을 것 같으면 고양이를 살려두거니와, 만약 바로 이르지 못하면 단칼에 두 동강을 내버리겠다."

"속히 일러라!" 하시며 세 번을 거듭하여 대답을 재촉해도 아무도 이르는 자가 없었습니다.

그 칠백여 명의 대중 가운데 남전 선사의 뜻을 헤아리는 자가 아무도 없었던 것입니다. 그러니 남전 선사께서는 미리 말씀하셨던 대로 고양이를 두 동강 내고는 방장실로 돌아가 버리셨습니다.

방장실에서 쉬고 계시는데 그동안 출타중이었던 조주 스님이 돌아와서 인사를 올리니, 남전 선사께서 '고양이 법문'을 들어 말씀하셨습니다.

"그대가 있었던들 뭐라고 답하였을꼬?"

그러자 조주 스님은 즉시 신발을 머리에 이고 나가 버렸습니다.

남전 선사께서 그 광경을 보시고는, "그대가 있었다면 고양이를 살렸을 것을." 하고 혼잣말을 하셨습니다.

옛 조사스님네께서, "열반심은 알기 쉬우나 차별지는 밝히기 어렵다."라고 하셨는데, 바로 이러한 공안(公案)을 두고 하신 말씀입니다. 그러므로 종사가(宗師家)가 되려면 낱낱의 차별법문에 밝아야 합니다. 만일 차별지(差別智)에 밝지 못할 것 같으면 만인의 눈을 멀게 할 것입니다.

그렇기 때문에 선지식(善知識)은 자칭 선지식이라 해서 되는 게 아니고, 이러한 차별의 법문을 다 투과하여 스승으로부터 인증을 받아야만 선지식입니다. 그래야만 만인의 눈을 멀게 하지 않고, 만인에게 최고의 진리를 지도할 수 있는 법입니다.

시회대중은 아시겠습니까?
남전 선사께서 고양이를 들고 "이르라!"고 하신 뜻은 어디에 있으며, 조주 스님이 신발을 머리에 이고 나가신 뜻은 무엇입니까?

眞際奪得連城璧　　　　　〈진제탈득연성벽〉
秦主相如摠喪身　　　　　〈진주상여총상신〉
산승이 연성의 보배구슬을 빼앗아 가지니
진나라 임금과 상여가 다 몸을 상함이로다.

일일(一日)에 남전 선사께서 방장실에서 쉬고 계시던 차제에 조주 스님이 찾아와 예(禮)를 올리니, 선사께서 말씀하셨습니다.
"어젯밤에 문수보살과 보현보살이 불견(佛見)·법견(法見)을 일으킨 고로 각각 삼십 방씩 때려서 철위산 지옥으로 던졌느니라."
조주 스님이 이 말을 듣고서 여쭙기를,
"스님께서는 누구의 방망이를 맞으시렵니까?"
하니, 남전 선사께서 물으셨습니다.
"왕노사(王老師)의 허물은 어디에 있는고?"

'왕노사'란 남전 선사 당신을 일컫는 것입니다.

이에 조주 스님이 큰절을 한 자리 하고는 밖으로 나갔습니다.

시회대중은 두 분 선사의 묻고 답한 기봉을 아시겠습니까?

〔 양구(良久)하시다가 이르시기를, 〕

東涌西沒   〈동용서몰〉
左邊吹右邊拍   〈좌변취우변박〉
天上人間能幾幾   〈천상인간능기기〉

동에서 솟아오름에 서에서는 이미 흔적도 없음이요,

왼쪽에서 노래 부르고 오른쪽에서 장단을 침이라.

천상세계와 인간세계에 이 같은 기봉을 갖춘 이가 몇몇이나
될꼬.

조주 선사 회상에서, 한 수좌가 결제 석 달 동안 공부를 잘 해
오다가 해제일에 이르러 하직인사를 드리니, 조주 선사께서 이
르셨습니다.

"부처 있는 곳에서도 머물지 말고, 부처 없는 곳에서도 급히
달아나라. 만약 삼천 리 밖에서 사람을 만나거든 그릇 들어 말
하지 말라."

이에 그 수좌가

"스님, 그렇다면 가지 않겠습니다."

하니, 조주 선사께서는

"버들잎을 따고, 버들잎을 딴다.[적양화적양화(摘楊花摘楊花)]"

라고 말씀하셨습니다.

'그렇다면 가지 않겠습니다.' 하는데, 어째서 '버들잎을 따고, 버들잎을 딴다.'고 하는가?

이러한 법문은 알기가 매우 어려운 것이어서, 만일 누구라도 각고정진하여 이 법문의 뜻을 알아낸다면, 백천삼매와 무량묘의를 한꺼번에 다 알아서 하늘과 땅에 홀로 걸음하리라.

조주 선사의 '적양화 적양화'를 아시겠습니까?

千里烏騅追不得   〈천리오추추부득〉

천 리를 달리는 오추마로도 따라잡기 어렵느니라.

하루는 위대한 선지식인 마조 선사께서, 원주가 아침에 문안을 드리며 "밤새 존후(尊候)가 어떠하십니까?" 하니, "일면불(日面佛) 월면불(月面佛)이니라."라고 말씀하셨습니다.

과거 겁전(劫前)에 일면불 부처님과 월면불 부처님이 계셨습니다.

일면불은 천팔백 세까지 장수하는 부처님이고, 월면불은 일일일야(一日一夜) 수명의 단명하는 부처님입니다.

'밤새 존후가 어떠하십니까?' 하는데, 왜 이 두 분 부처님 명호를 들먹이셨을까?

마조 선사의 이 '일면불 월면불'은 알기가 가장 어려운 고준한 법문입니다. 이 한마디에 마조 선사의 전(全) 살림살이가 들어 있습니다.

그러므로 마조 선사를 알고자 한다면 이 법문을 알아야만 합니다. 역대의 선지식들도 이에 대해 말씀하시기를, "'일면불 월면불', 이 공안을 바로 보아야 일대사를 마친다."라고 하셨습니다.

산승도 이 법문을 가지고 5년 동안이나 씨름해서 해결했고, 중국 송(宋)나라 때 설두 선사께서도 다른 모든 법문에는 확연 명백하셨으나 여기에 막혀 20년을 신고(辛苦)하셨던 법문입니다.

지구촌의 모든 인류시여!

天地與我同根   〈천지여아동근〉
萬物與我同體   〈만물여아동체〉
눈을 크게 뜨고 보면 전 지구촌이 한 집안이요,
온 인류가 나와 한 가족이며 형제, 자매입니다.

여기에 무슨 탐욕이 있으며, 더 가지려는 욕심이 있겠습니까?

우리 모두가 이러한 눈을 크게 뜰 때, 지구촌의 모든 갈등과 대립은 사라지고, 온 인류가 한 가족이 되어 서로 사랑하고 화목하는 평화로운 세상이 도래할 것입니다.

전 세계 코로나로 희생된 모든 영가, 금일 천도대법회에 동참한 모든 영가시여!

산승의 마지막 법문 한마디 잘 간직하셔서 모든 애착과 집착을 놓고 부처님 국토 극락세계에서 억만 년토록 편안한 진리의 낙을 누리소서.

| 一把柳條收不得 | 〈일파유조수부득〉 |
| 和風搭在玉欄干 | 〈화풍탑재옥난간〉 |

한 주먹 버들가지 잡아 얻지 못해서
봄바람에 옥난간에 걸어둠이로다.

〔주장자(拄杖子)로 법상(法床)을 한 번 치고 하좌(下座)하시다. 〕

불조 전법원류
(佛祖 傳法源流)

서천조사(西天祖師)

초조(初祖) 마하가섭(摩訶迦葉)

제2조 아난존자(阿難尊者)

제3조 상나화수(商那和修)

제4조 우바국다(優婆掬多)

제5조 제다가(提多迦)

제6조 미차가(彌遮迦)

제7조 바수밀다(婆須密多)

제8조 불타난제(佛陀難提)

제9조 복타밀다(伏馱密多)

제10조 협존자(脇尊者)

제11조 부나야사(富那夜奢)

제12조 마명대사(馬鳴大師)

제13조 가비마라(迦毘摩羅)

제14조 용수대사(龍樹大師)

제15조 가나제바(迦那提婆)

제16조 라후라다(羅睺羅多)

제17조 승가난제(僧伽難提)

제18조 가야사다(伽耶舍多)

제19조 구마라다(鳩摩羅多)

제20조 사야다(闍夜多)

제21조 바수반두(婆修盤頭)

제22조 마나라(摩拏羅)

제23조 학륵나(鶴勒那)

제24조 사자존자(師子尊者)

제25조 바사사다(婆舍斯多)

제26조 불여밀다(不如密多)

제27조 반야다라(般若多羅)

중국조사(中國祖師)

제28조 보리달마(菩提達磨)

제29조 이조혜가(二祖慧可)

제30조 삼조승찬(三祖僧璨)

제31조 사조도신(四祖道信)

제32조 오조홍인(五祖弘忍)

제33조 육조혜능(六祖慧能)

제34조 남악회양(南嶽懷讓)

제35조 마조도일(馬祖道一)

제36조 백장회해(百丈懷海)

제37조 황벽희운(黃檗希運)

제38조 임제의현(臨濟義玄)

제39조 흥화존장(興化存獎)

제40조 남원도옹(南院道顒)

제41조 풍혈연소(風穴延沼)

제42조 수산성념(首山省念)

제43조 분양선소(紛陽善昭)

제44조 자명초원(慈明楚圓)

제45조 양기방회(楊岐方會)

제46조 백운수단(白雲守端)

제47조 오조법연(五祖法演)

제48조 원오극근(圓悟克勤)

제49조 호구소융(虎丘紹隆)

제50조 응암담화(應庵曇華)

제51조 밀암함걸(密庵咸傑)

제52조 파암조선(破庵祖先)

제53조 무준원조(無準圓照)

제54조 설암혜랑(雪巖惠朗)

제55조 급암종신(及庵宗信)

제56조 석옥청공(石屋淸珙)

아국조사(我國祖師)

제57조 태고보우(太古普愚)

제58조 환암혼수(幻庵混修)

제59조 구곡각운(龜谷覺雲)

제60조 벽계정심(碧溪淨心)

제61조 벽송지엄(碧松智嚴)

제62조 부용영관(芙蓉靈觀)

제63조 청허휴정(淸虛休靜, 西山)

제64조 편양언기(鞭羊彦機)

제65조 풍담의심(楓潭義諶)

제66조 월담설제(月潭雪霽)

제67조 환성지안(喚惺志安)

제68조 호암체정(虎巖體淨)

제69조 청봉거안(靑峰巨岸)

제70조 율봉청고(栗峰靑杲)

제71조 금허법첨(錦虛法沾)

제72조 용암혜언(龍岩慧彦)

제73조 영월봉율(永月奉律)

제74조 만화보선(萬化普善)

제75조 경허성우(鏡虛惺牛)

제76조 혜월혜명(慧月慧明)

제77조 운봉성수(雲峰性粹)

제78조 향곡혜림(香谷蕙林)

제79조 진제법원(眞際法遠)